Dr. Jaerock Lee

Isten a Gyógyító

URIM BOOKS

„És az Úr monda:
Ha a te Uradnak Istenednek szavára hűségesen hallgatsz és azt cselekeszed,
a mi kedves az ő szemei előtt és figyelmezel az ő parancsolataira
és megtartod minden rendelését:
egyet sem bocsátok reád ama betegségek közül,
a melyeket Égyiptomra bocsátottam,
mert én vagyok az Úr, a te gyógyítód."
(Exodus 15, 26)

Isten a Gyógyító Szerző: Dr. Jaerock Lee
Kiadja az Urim Books (Képviselő:Seongnam Vin)
73, Yeouidaebang-ro 22-gil, Dongjak-gu, Szöul,
Korea www.urimbooks.com

Ez a könyv vagy annak részei nem reprodukálható semmilyen formában, nem tárolható előhívható rendszerben, nem sokszorosítható semmilyen formában vagy eszköz által, elektronikus, mechanikai vagy fénymásolt, rögzített vagy más formában, a kiadó előzőleges írásos beleegyezése nélkül

Hacsak másként nem jelöltük, az összes bibliai idézet a Károli Szent Bibliából származik. Engedéllyel felhasználva.

Szerzői jog Copyright © 2018 Dr. Jaerock Lee
ISBN: 979-11-263-0429-5   03230
Fordítási jog Copyright © 2010 Dr. Esther K. Chung. Engedéllyel felhasználva.

Korábban koreai nyelven kiadva az Urim Books által 1992-ben

Első kiadás 2018 június

Szerkesztő: Dr. Geumsun Vin
Szerkesztette az Urim Books Kiadói Hivatala
Nyomtatva a Prione Printing által
További információért lépjen kapcsolatba a következő címen:
urimbook@hotmail.com

Üzenet a kiadáshoz

Amint az anyagi civilizáció és jólét egyre nő, azt látjuk, hogy manapság az embereknek több ideje és lehetősége marad a maguk számára. Annak érdekében, hogy egészségesebb és kényelmesebb életmódjuk legyen, az emberek időt, pénzt és figyelmet fektetnek be, és figyelmesen követik az ezzel kapcsolatos információt.

Mivel az ember élete, öregedése, betegsége és halála Isten fennhatósága alatt áll, a pénz és az ismeretek hatalma nem vonatkozik ezekre. Ráadásul, annak ellenére, hogy az emberi tudás – mely évszázadok alatt gyűlt össze – nagyon kifinomult orvosi tudományt eredményezett, a gyógyíthatatlan betegségekben szenvedő betegek száma egyre növekszik.

A világ történelme során számos vallást és különböző tudású embert láttunk, beleértve Buddhát és Konfuciust, azonban mind hallgattak, amikor ezzel a kérdéssel találkoztak, és egyikük sem tudta elkerülni az öregedést, betegséget és halált. Ez a kérdés a bűnnel kapcsolatos, és az emberiség megváltásával, amelyek közül egyik sem oldható meg az ember által.

Manapság nagyon sok gyógyszertár és kórház létezik, és

ezek könnyen megközelíthetőek, valamint látszólag mindent megtesznek annak érdekében, hogy a társadalom egészséges, betegségmentes legyen. Ennek ellenére a testünket és a világunkat számos betegség fertőzi, a közönséges influenzától a beazonosíthatatlan eredetű betegségekig, amelyekre nincs megoldás, mert gyógyíthatatlanok. Könnyedén írjuk ezeket a környezet és a klíma rovására, vagy természetes és fiziológiás jelenségekként kezeljük őket, és a gyógyszerekkel és orvosi technológiával próbáljuk őket kezelni.

Annak érdekében, hogy alapjaiban gyógyíthassuk a betegséget, és egészséges életet élhessünk, mindannyiunknak meg kell értenünk, honnan indult a betegség, és hogyan gyógyulhatunk meg. Az evangéliumnak és az igazságnak mindig két oldala van: átok és büntetés várja azokat, akik nem fogadják el, míg azokra, akik elfogadják, áldások és élet vár. Isten akarata az, hogy az igazság rejtve maradjon azok előtt, akik – mint a farizeusok és a jog tanítói – bölcsnek és okosnak ítélik magukat. Az is Isten akarata, hogy az igazság feltáruljon azok előtt, akik olyanok, mint a gyermekek, akarják az igazságot, és kinyitják a szívüket előtte (Lukács evangéliuma 10, 21).

Isten egyértelműen megígérte az áldásokat azok számára, akik betartják a Parancsolatait, míg azt is részletesen leírta, milyen átok és betegségek várnak azokra, akik ellenkeznek a Parancsolataival (Mózes ötödik könyve 28, 1-68).

Azzal, hogy a hitetleneket és még néhány hívőt is, aki nem figyel eléggé, Isten szavára emlékeztetünk, a betegségtől és megpróbáltatásoktól szabad útra kerülünk.

Amilyen mértékben meghallod, megérted vagy elolvasod Isten szavát, és amennyire eledelt kapsz Isten szavából, és a gyógyulás és üdvösség Istenének hatalmából, azt kívánom, hogy mindannyian oly mértékben meggyógyuljatok kis és nagy betegségeitekből, és örökké egészségetek legyetek a családotokkal együtt, az Urunk nevében imádkozom!

Jaerock Lee

Tartalomjegyzék

Isten a Gyógyító

Üzenet a kiadáshoz

Első fejezet
A betegség eredete, és a gyógyulás reménysugara 1

Második fejezet
Meg akarsz gyógyulni? 13

Harmadik fejezet
Isten a gyógyító 31

Negyedik fejezet
A megpróbáltatásai által meggyógyulunk 45

Ötödik fejezet
A betegségek gyógyításának hatalma 61

Hatodik fejezet
A démonok által megszállottak gyógyításának módjai 75

Hetedik fejezet
Naámán, a leprás hite és engedelmessége 93

Első fejezet

A betegség eredete, és a gyógyulás reménysugara

És feltámad néktek,
a kik félitek az én nevemet, az igazságnak napja,
és gyógyulás lesz az ő szárnyai alatt,
és kimentek és ugrándoztok,
mint a hízlalt tulkok.

Malakiás próféta könyve 4, 2

1. A betegség egyik alapoka

Mivel az emberek boldog és egészséges életet akarnak élni a földi életük alatt, mindenféle élelmet megesznek, amelyek jók az egészségük számára, és titkos módszereket keresnek és követnek ezért. Az anyagi civilizáció és az orvostudomány terén elért fejlődés ellenére az az igazság, hogy a gyógyíthatatlan, halálos betegségek okozta szenvedés elkerülhetetlen.

Lehetséges, hogy az ember nem kerülheti el a különböző betegségek agóniáját, amíg ezen a földön él?

Könnyedén írjuk ezeket a környezet és a klíma rovására, vagy természetes és fiziológiás jelenségekként kezeljük őket, és a gyógyszerekkel és orvosi technológiával próbáljuk őket kezelni. Azonban, amint a betegségek okát megtaláljuk, akárki megszabadulhat tőlük.

A Biblia egy alapvető módját mutatja be annak, hogyan éljünk betegségtől mentes életet, és még ha valaki esetleg beteg is, hogyan keresheti meg a megoldást:

> És az Úr monda: „Ha a te Uradnak Istenednek szavára hűségesen hallgatsz és azt cselekeszed, a mi kedves az ő szemei előtt és figyelmezel az ő parancsolataira és megtartod minden rendelését: egyet sem bocsátok reád ama betegségek közül, a melyeket Égyiptomra bocsátottam, mert én vagyok az Úr, a te gyógyítód" (Exodus 15, 26).

Ez Isten hűséges szava, aki ellenőrzi az ember életét, halálát, átkát és áldását, amelyeket személyenként mindannyian kapunk. Akkor mi a betegség, és miért kapjuk el? Orvosi terminusokkal élve a „betegség" az ember testének részeiben bekövetkező mindenféle korlátozottság – egy szokatlan vagy a normálistól eltérő egészségi állapot – és legfőképpen a baktériumok alakítják ki és terjesztik. Más szóval a betegség egy, a normálistól eltérő testi kondíció, melyet méreg vagy baktérium okoz.

Az Exodus 9, 8-9 egy folyamatot ábrázol, amikor Egyiptom csapásaiból a fekélyt látjuk megjelenni az emberek bőrén:

Az Úr pedig monda Mózesnek és Áronnak: Vegyétek tele markaitokat kemenczehamuval, és szórja azt Mózes az ég felé a Faraó szeme láttára. Hogy porrá legyen Égyiptomnak egész földén, s emberen és barmon hólyagosan fakadó fekéllyé legyen Égyiptomnak egész földén.

Az Exodus 11, 4-7-ben azt látjuk, hogy Isten megkülönbözteti Izrael népét Egyiptom népétől. Az ok az volt, hogy az izraelitákra – akik imádták Istent – nem várt csapás, míg az egyiptomiakra – akik nem imádták Istent, és nem is éltek az Ő akarata szerint – csapás várt az elsőszülött gyermekük személyében.

A Bibliában azt olvassuk, hogy még a betegség is Isten fennhatósága alatt van, mivel Ő megvédi azokat, akik Őt tisztelik, a betegségtől, és hogy azokat fogja utolérni a baj, akik bűnöznek, mivel Isten elfordítja az Arcát az ilyen emberektől.

Miért létezik betegség, és a betegségtől való szenvedés? Lehetséges, hogy Isten a teremtéskor azért alkotta meg a betegséget, hogy az ember a betegség félelmében éljen? Isten, a Teremtő megteremtette az embert, és mindent irányít az univerzumban: a jóságot, igazságosságot és a szeretet.

Miután megalkotta a legmegfelelőbb környezetet az emberi élethez (Genezis 1, 3-25), Isten megalkotta az embert a saját Képére, megáldotta őket, és megadta nekik a legnagyobb szabadságot és hatalmat.

Ahogy telt az idő, az emberek szabadon élvezték az Isten-adta áldásokat, miközben betartották a Parancsolatokat, és az Édenkertben éltek, ahol nem voltak könnyek, szenvedés, és betegségek. Amint Isten látta, hogy minden, amit alkotott jó volt (Genezis 1, 31), egy parancsot adott: *„És parancsola az Úr Isten az embernek, mondván: A kert minden fájáról bátran egyél. De a jó és gonosz tudásának fájáról, arról ne egyél; mert a mely napon ejéndel arról, bizony meghalsz"* (Genezis 2, 16-17).

Amikor a gonosz kígyó azt látta, hogy az emberek nem tartották be Isten parancsolatát, hanem egyszerűen figyelmen kívül hagyták azt, a kígyó megkísértette Évát, az első férfi feleségét. Amikor Ádám és Éva evett a jó és a rossz tudásának a fájáról és bűnözött (Genezis 3, 1-6), a halál beköltözött az emberbe, ahogy Isten azt megjövendölte (Pál levele a rómaiakhoz 6, 23).

Miután elkövette az engedetlenség bűnét, az ember megkapta a büntetést a halál formájában, az emberben lévő szellem – az ura – szintén meghalt, és az ember és Isten közötti lelki közösség megszűnt létezni. Kiüldözték őket az Édenkertből, és könnyek, fájdalom, szomorúság és halál lett az osztályrészük. Mivel minden átkozott volt a földön, a termőföld tüskéket és gallyakat termett, és csak verejtékes munkával tudták megteremteni az eledelüket (Genezis 3, 16-24).

A betegség alap oka Ádám engedetlenségében keresendő, az eredendő bűnben. Ha Ádám nem szegül ellen Istennek, nem kellett volna elmennie az Édenkertből, és teljesen egészséges életet élhetett volna. Más szóval egy ember által az összes ember vétkessé vált, és veszélyek és betegségek között kell élnie. Mielőtt a bűn kérdése megoldódik, senki nem lesz igaz Isten színe előtt, akkor sem, ha a törvényt betartja (Pál levele a rómaiakhoz 3, 20).

2. Az igazság napja, gyógyító szárnyakkal

Malakiás próféta könyve 4, 2 ezt mondja a számunkra: *„És feltámad néktek, a kik félitek az én nevemet, az igazságnak napja, és gyógyulás lesz az ő szárnyai alatt, és kimentek és ugrándoztok, mint a hízlalt tulkok."* Itt az „igazságnak napja" a Messiásra vonatkozik.

Isten megsajnálta az emberiséget, és Jézus Krisztus által megváltotta az emberiség bűneit. Jézust Ő küldte nekünk, megengedte, hogy keresztre feszítsék, és a vérét kiontsák. Ezért bárki, aki elfogadta Jézust, megbocsáttattak a bűnei és elérte az üdvösséget, megszabadulhat a betegségtől, és egészséges életet élhet. Mivel minden átkozott volt, az embernek a betegségtől való félelemben kellett élnie, amíg lélegezni tudott, azonban Isten szeretete és kegyelme révén megnyílt egy ösvény, mely a betegségtől való megszabadulás útja.

Amikor Isten gyermekei ellenállnak a bűnnek akár a vérük kiontása által (A zsidókhoz írt levél 12, 4) és az Ő szava szerint élnek, Ő vigyáz rájuk a szemeivel, melyek olyanok, mint az izzó tűz, és megvédi őket a Szentlélek tüzes falával úgy, hogy a levegőben lévő méreg ne juthasson be a szervezetükbe. Ha valaki beteg lesz, ha megbánja bűneit és elfordul a korábbi életmódjától, Isten kiégeti a betegséget a testéből, és meggyógyítja a beteg testrészeit. Ezt nevezzük „az igazság napja" általi gyógyulásnak.

A modern orvoslás kifejlesztette az ultraviola terápiát, amelyet ma széles körben használnak számos betegség megelőzésére és kezelésére. Az ultraviola sugarak nagyon hatékonyak a fertőtlenítés terén, és kémiai változásokat indítanak el a testben. Ez a terápia el tudja pusztítani a bélrendszer bacilusainak körülbelül 99%-át, a vérhas és a torokgyík bacilusait is. Hatékony a tüdőbaj, angolkór, vérszegénység, reuma és bőrbetegségek ellen is. Egy ilyen kezelés, amely sikerrel alkalmazható oly sok betegségre, mégsem gyógymód az összes betegségre.

Csak a Bibliában lejegyzett „igazság napja, gyógyító szárnyakkal" az a sugár, mely az összes betegséget meg tudja szüntetni. Ezek a sugarak minden betegségre alkalmazhatóak, és mindenkire, és ezért Isten gyógyítása igazán egyszerű, de teljes, és lényegét tekintve a legjobb.

A templomunk megalapítása után nem sokkal egy beteget hoztak hozzám egy hordágyon, aki a bénaság és rák összes tünetétől szenvedett. A nyelve megkeményedett, ezért nem tudott beszélni, és a teljes teste is béna volt. Mivel az orvosok feladták a harcot a betegségével szemben, a felesége, aki hitt Isten erejében, arra biztatta a férjét, hogy mindent ajánljon fel Istennek. Mivel rájött, hogy az egyetlen módja az élete megtartásának az Istenhez való kapaszkodás és könyörgés volt, megpróbált fektében könyörögni. A felesége követte őt: őszintén és komolyan imádkoztak és könyörögtek. Amint kettejük hitét megtapasztaltam, én is buzgó imába kezdtem a férfiért. Nem sokkal ez után a férfi, aki korábban üldözte feleségét a Jézusba vetett hite miatt, megbánta bűneit úgy, hogy a szívét átadta, mire Isten elküldte a gyógyítás sugarát, a Szentlélek erejével a betegséget kiégette a testéből, és megtisztította a testét. Alleluja! Mivel a betegség alap okát égették ki, az ember hamarosan járni és szaladni kezdett, és újra egészséges lett. Szükségtelen mondanom, mennyire örültek a Manmin egyháztagok, amikor megtapasztalták Isten csodálatos gyógyítását.

3. Értetek, akik tisztelitek a nevem

A mi Istenünk Mindenható, aki mindent megteremtett az univerzumban a Szavával, és megteremtette az embert is a porból. Mivel Ő az Atyánk lett, ha betegek vagyunk és Hozzá imádkozunk, és teljesen Rá hagyatkozunk, Ő meglátja a hitünket, és boldogan meggyógyít minket. Semmi baj nincs azzal, ha egy kórházban gyógyulunk meg, azonban Isten annak örül, ha a gyermekei az Ő mindenhatóságában és mindentudásában hisznek, őszintén megszólítják Őt, és dicsőítik Őt.

A Királyok második könyve 20, 1-11 Ezékiás, Júdea királyának a története, aki megbetegedett, amikor Asszíria megtámadta a királyságát, de teljesen meggyógyult három nappal később, miután Istenhez imádkozott, és az élete tizenöt évvel meghosszabbodott.

Ézsaiás próféta által Isten megmondja Ezékiásnak, hogy: *„Ebben az időben halálosan megbetegedett Ezékiás, és hozzá menvén Ésaiás próféta, az Ámós fia, monda néki: Azt mondja az Úr: Rendeld el házadat, mert meghalsz és nem élsz"* (A királyok második könyve 10, 1; Ézsaiás próféta könyve 38, 1). Más szóval, Ezékiást halálra ítélték, kérték, hogy készüljön fel a halálára, és a királyságát és családját is készítse fel a halálára. Azonban Ezékiás válaszul azonnal a fal felé fordult, és az Úrhoz imádkozott (A királyok második könyve 20, 2). Rájött, hogy a betegsége az istentelenségéből fakadt, mindet félretett, és elhatározta, hogy imádkozni fog.

Amint Ezékiás Istenhez imádkozott sírva, Isten megígérte neki: *„Menj el, és mondd Ezékiásnak: így szól az Úr, Dávidnak, atyádnak Istene: Hallottam imádságodat, láttam könyeidet, ímé, még napjaidhoz tizenöt esztendőt adok. És az assiriai király kezéből megszabadítlak téged és e várost; megoltalmazom e várost!"* (Ézsaiás próféta könyve 38, 5-6).

Elképzelhetjük, milyen komolyan imádkozhatott Ézsaiás, hisz Isten ezt mondta neki: „Meghallottam az imádat, és láttam könnyeidet."

Isten, aki felelt Ézsaiás imájára, teljesen meggyógyította a királyt, és az három nap múlva fel tudott menni Isten templomába. Sőt, Isten az életét is meghosszabbította tizenöt évvel, és az élete utolsó részében megvédte Jeruzsálemet Asszíria fenyegetésétől.

Mivel Ézsaiás tudta, hogy az élet és halál Isten fennhatósága alá tartozik, az Istenhez való imádkozás a legfontosabb volt a számára. Istennek tetszett az ő jámbor szíve és hite, megígérte számára a gyógyulást, és amikor a gyógyulása jeleit kereste, Isten Akház napórájának árnyékát visszavetette tíz grádiccsal, jelként (A királyok második könyve 20, 11). A mi Istenünk a gyógyulás Istene, és egy nagyon megfontolt Atya, aki azoknak adakozik, akik Őt keresik.

Ezzel ellentétben A krónikák második könyve 16, 12-13 verseiben ezt találjuk: *„És megbetegedék Asa, királyságának harminczkilenczedik esztendejében lábaira, annyira, hogy igen súlyos volt az ő betegsége; mindazáltal betegségében is nem az Urat keresé, hanem az orvosokat. És elaluvék Asa az ő atyáival, és meghala az ő királyságának negyvenegyedik esztendejében."* Amikor trónra került: *„És Asa azt cselekedé, a mi kedves volt az Úr szemei előtt, mint Dávid, az ő atyja"* (A királyok első könyve, 15, 11). Eleinte bölcs uralkodó volt, azonban ahogy fokozatosan elvesztette a hitét Istenben, és egyre inkább az emberekre hagyatkozott, már nem tudta Isten segítségét kérni.

Amikor Basha, Izrael királya lerohanta Júdeát, Asa Ben-Hadadban bízott, aki Aram királya volt, és nem Istenben. Ezért a látnok, Hanani megfeddte őt, azonban ő bezáratta a látnokot, és tovább folytatta a dolgait, elnyomva a saját népét (A krónikák második könyve 16, 7-10).

Mielőtt Asa Aram királyában bízott volna, Isten megakadályozta Aram hadseregét, hogy ne tudjon betörni Júdeába. Attól a perctő kezdve, hogy Asa Isten helyett Aram királyában hitt, Júdea királya nem tudott Istenhez fohászkodni segítségért. Akkor sem volt elégedett Isten Asával, amikor az az orvosok segítségét kérte az Ő segítsége helyett. Ezért két évvel az után, hogy elkapta a lábbetegséget, Asa meghalt. Bár Asa megvallotta Istenbe vetett hitét, nem bizonyította azt cselekedeteivel, és nem tudott Istentől kérni, a Mindenható Isten nem tudott semmit sem tenni érte.

Az Istentől jövő gyógyító sugarak bármilyen betegséget meg tudnak gyógyítani: a béna feláll és jár, a vak lát, a süket hall, és a halott feltámad. Ezért, mivel Isten, a Gyógyító hatalma korlátok nélküli, a betegség súlyossága nem fontos. Isten számára mindegy, hogy egy jelentéktelen náthárol vagy akár a rákról van szó, amely súlyos betegség. Az a fontosabb, hogy milyen szívvel járulunk Isten elé: Asa, vagy Ezékiás szívével.

Fogadd el Jézus Krisztust, kapd meg a választ a bűn problémájára, légy igaz a hit által, tegyél Isten kedvére alázatos szívvel, és olyan cselekedetekkel, mint Ezékiás tettei, gyógyuljon meg az összes és bármilyen betegséged, mindig élj egészséges életet, az Urunk nevében imádkozom!

Második fejezet

Meg akarsz gyógyulni?

Vala pedig ott egy ember,
a ki harmincnyolcz esztendőt töltött betegségében.
Ezt a mint látta Jézus, hogy ott fekszik, és megtudta,
hogy már sok idő óta [úgy] van; monda néki:
„Akarsz-é meggyógyulni?"

János evangéliuma 5, 5-6

1. Meg akarsz gyógyulni?

Sok olyan ember létezik, aki nem találkozott Istennel, nem kereste Őt, és nem állt Elé. Néhányan azért fordulnak Hozzá, mert a lelkiismeretük diktálja, míg mások a megkeresztelkedésük után jönnek Elé. Megint mások akkor találnak Rá, amikor megtapasztalják a szkepticizmust a csődjeik miatt, melyek családiak vagy üzletiek lehetnek. Mások is vannak, olyanok, akik rendkívüli fizikai fájdalmat vagy halálfélelmet megtapasztalván fordulnak Isten felé.

Mint az a nyomorék, aki harmincnyolc éve szenvedett a fájdalomtól a Bethesda partján, annak érdekében, hogy teljesen átadd a betegséged Istennek és meggyógyulj, mindenekfölött akarnod kell a gyógyulást.

Jeruzsálemben a Bárány-kapu mellett volt egy medence, amelyet héberül Bethesdának hívtak. Öt oszlopsor volt körülötte, amelyben a vakok, a sánták és a bénák gyűltek össze és lefeküdtek, mivel a legenda szerint Isten egy angyala leszállt időről időre, és felkavarta a vizet. Azt is hitték, hogy az első ember, aki bement a medencébe ez után, az összes betegségéből kigyógyul majd. A medence neve „a kegyelem háza" volt.

Amint meglátott egy harmincnyolc éve nyomorék embert, Jézus megkérdezte őt: „Meg akarsz gyógyulni?", az ember ezt válaszolta: *„Felele néki a beteg: Uram, nincs emberem, hogy a mikor a víz felzavarodik, bevigyen engem a tóba; és mire én oda érek, más lép be előttem"* (János evangéliuma 5, 7). Ezzel bevallotta az Úrnak, hogy bár nagyon szeretett volna meggyógyulni, egyedül nem tudta elérni a gyógyulást. Az Urunk látta az ember szívét, és ezt mondta neki: *"Kelj fel, vedd fel a te nyoszolyádat, és járj!"* és az ember azonnal meggyógyult: felkapta a szőnyegét és járt (János evangéliuma 5, 8).

2. El kell fogadnod Jézus Krisztust

Amikor a harmincnyolc éve nyomorékul élő ember találkozott Jézussal, azonnal meggyógyult. Mivel hitt Jézus Krisztusban, aki az igaz élet forrása, az embernek az összes bűnét megbocsájtották, és az összes betegségéből kigyógyult.

Van köztetek olyan, aki a betegség nyomorától szenved? Ha ettől szenvedsz, és Isten színe elé akarsz járulni, és meg akarsz gyógyulni, először el kell fogadnod Jézus Krisztust, Isten gyermekévé kell válnod, és bűnbocsánatot kell nyerned annak érdekében, hogy minden akadályt leküzdj, ami közted és Isten között létezik. Aztán el kell hinned, hogy – mivel Isten mindenható és mindentudó – Ő bármilyen csodára képes. Azt is el kell hogy hidd, hogy az összes bűnünk ellenére megváltást kaptunk a betegségeinkből Jézus áldozata révén, és hogy amikor Jézus Krisztus nevében keresel, megkapod a gyógyulást.

Amikor ezzel a hittel kérünk, Isten meghallja a hitbéli imánkat, és a gyógyulás munkáját elvégzi rajtunk. Függetlenül attól, hogy milyen idős vagy, vagy mennyire kritikus a betegséged, az összes problémádat mutasd meg Istennek, emlékezve, hogy ismét egész lehetsz, egy pillanat alatt, amikor a hatalom Istene meggyógyít majd.

Amikor a Márk evangéliumának 2, 3-12 verseiben bemutatott béna ember meghallotta, hogy Jézus Kaperneumba jött, mindenképpen Elé akart járulni. Amikor meghallotta, hogy Jézus számtalan betegséget meggyógyított, gonosz szellemeket kihajtott, a leprásokat meggyógyította, a béna ember azt gondolta: ha hisz, ő is meggyógyulhat. Amikor rájött azonban, hogy képtelen Jézushoz közelebb kerülni a nagy tömeg miatt, a barátai segítségével átfúrták a ház tetejét, amelyben laktak, és egy szőnyegen leengedték őt Jézushoz.

El tudod képzelni, mennyire akarta látni Jézust ez a béna ember, ha erre is képes volt? Hogyan reagált Jézus, amikor a béna, aki nem tudott Hozzá menni a tömeg miatt, megmutatta Neki a hitét és elkötelezettségét a barátai segítségével? Jézus nem szidta meg őt az illetlen viselkedéséért, hanem ezt mondta neki: „Fiam, a bűneid megbocsáttattak", és megengedte neki, hogy felálljon, és újra járjon.

A példabeszédek könyvének 8, 17 versében Isten ezt mondja nekünk: *„Én az engem szeretőket szeretem, és a kik engem szorgalmasan keresnek, megtalálnak."* Ha a betegség kínjától meg akarod védeni magad, először komolyan akarnod kell a gyógyulást, hinned kell Isten hatalmában, amely megoldja a betegséget, és el kell fogadnod Jézus Krisztust.

3. Le kell bontanod a bűn falát

Bármennyire is hiszel abban, hogy Isten hatalma által meggyógyulhatsz, ha közted és Isten között létezik a bűnfal, Ő nem dolgozhat benned eredményesen.

Ezért Ézsaiás könyvének 1, 15-17 verseiben Isten ezt mondja nekünk: *„És ha kiterjesztitek kezeiteket, elrejtem szemeimet előletek; sőt ha megsokasítjátok is az imádságot, én meg nem hallgatom: vérrel rakvák kezeitek. Mosódjatok, tisztuljatok meg, távoztassátok el szemeim elől cselekedeteitek gonoszságát, szünjetek meg gonoszt cselekedni; Tanuljatok jót tenni; törekedjetek igazságra, vezessétek jóra az erőszakoskodót, pártoljátok az árvák és özvegyek ügyét"* és ez után a 18. versben Ő megígéri, hogy: *„No jertek, törvénykezzünk, azt mondja az Úr! ha bűneitek skárlátpirosak, hófehérek lesznek, és ha vérszínűek, mint a karmazsin, olyanok lesznek, mint a gyapjú."*

A következőt is Ézsaiás könyvének 59, 1-3 verseiben találjuk:

Imé, nem oly rövid az Úr keze, hogy meg ne szabadíthatna, és nem oly süket az ő füle, hogy meg nem hallgathatna; Hanem a ti vétkeitek választanak el titeket Istenetektől, és bűneitek fedezték el orczáját ti előttetek, hogy meg nem hallgatott. Mert kezeitek bemocskolvák vérrel, és ujjaitok vétekkel, ajkaitok hazugságot szólnak, nyelvetek gonoszt suttog.

Azok az emberek, akik nem ismerik Istent, és nem fogadták el Jézus Krisztust, valamint a saját fejük szerint élték az életüket, nem jönnek rá arra, hogy bűnösök. Amikor az emberek elfogadják Jézus Krisztust Megmentőjükként, és megkapják ajándékul a Szentlelket, a Szentlélek elítéli a bűn világát, és ők elismerik majd, hogy bűnösök (János 16, 8-11).

Azonban, mivel vannak olyan helyzetek, amikor az emberek nem jönnek rá arra, mi a bűn, és nem képesek megszabadulni tőle, ezért nem kapnak válaszokat Istentől. Ezért először azt kell megtudniuk, mit jelent a bűn Isten szemében. Mivel minden betegség a bűnből származik, csak akkor gyógyulhatsz meg gyorsan, ha visszatekintesz magadra, és lebontod a bűn falát.

Nézzük meg alaposan, mit mond a Biblia a bűnről, és hogyan tudjuk a bűn falát lebontani.

1) Meg kell bánnod, hogy nem hittél Istenben, és nem fogadtad el Jézus Krisztust.

A Biblia szerint bűn az, hogy nem hiszünk Istenben, és nem fogadjuk el Jézus Krisztust, mint Megmentőnket (János evangéliuma 16, 9). Számos hitetlen ember állítja azt, hogy jó ember, igaz életet él, azonban ezek az emberek nem ismerhetik önmagukat megfelelő módon, mivel nem ismerik az Igazság Szavát – Isten fényét – és képtelenek a jót a rossztól megkülönböztetni.

Még ha valaki meg is van győződve arról, hogy jó életet élt, amikor az élete az igazság fényénél – ami a mindenható Isten Szava, aki megteremtette az életet, a halált, az átkot és az áldást, és ezeket teljesen kontrollálja – megméretik, sok igaztalanság és igazságtalanság fog látszani. Ezért mondja ezt a Biblia: *"A mint meg van írva, hogy nincsen csak egy igaz is"* (Pál levele a rómaiakhoz 3, 10), és hogy: *"Annakokáért a törvénynek cselekedeteiből egy test sem igazul meg ő előtte: mert a bűn ismerete a törvény által vagyon"* (Pál levele a rómaiakhoz 3, 20).

Amikor elfogadod Jézus Krisztust és Isten gyermekévé válsz az után, hogy megbántad a hitetlenséged, valamint azt is, hogy nem fogadtad el Jézus Krisztust, a Mindenható Isten az Atyáddá válik, és ily módon választ kapsz a betegségeidre, amennyiben léteznek ezek.

2) Meg kell bánnod, hogy nem szeretted a testvéreidet.

A Biblia ezt mondja nekünk: *"Szeretteim, ha így szeretett minket az Isten, nekünk is szeretnünk kell egymást"* (János első levele 4, 11). Arra emlékeztet minket, hogy még az ellenségeinket is szeretnünk kell (Máté evangéliuma 5, 44). Ha gyűlölnénk a testvéreinket, Isten szavának szegülnénk ellen, ami bűn.

Mivel Jézus bebizonyította a szeretetét az emberiség iránt – amely bűnben és gonoszságban él – azzal, hogy keresztre került, az a helyes a részünkről, ha szeretjük a szüleinket, gyermekeinket, valamint a testvéreinket. Isten szemében nem helyes, ha gyűlölködünk, és nem tudunk egymásnak megbocsájtani jelentéktelen, káros érzések miatt.

Máté evangéliumának 18, 23-35 verseiben Jézus a következő tanmesét mondja el nekünk:

Annakokáért hasonlatos a mennyeknek országa a

királyhoz, a ki számot akar vala vetni az ő szolgáival. Mikor pedig számot kezde vetni, hozának eléje egyet, a ki tízezer tálentommal vala adós. Nem tudván pedig fizetni, parancsolá annak ura, hogy adják el azt, és a feleségét és gyermekeit, és mindenét, a mije vala, és fizessenek. Leborulván azért a szolga előtte, könyörög vala néki, mondván: Uram, légy türelemmel hozzám, és mindent megfizetek néked. Az úr pedig megszánván azt a szolgát, elbocsátá őt, és az adósságot is elengedé néki. Kimenvén pedig az a szolga, találkozék egygyel az ő szolgatársai közül, a ki száz dénárral vala néki adós; és megragadván azt, fojtogatja vala, mondván: Fizesd meg nékem, a mivel tartozol. Leborulván azért az ő szolgatársa az ő lábai elé, könyörög vala néki, mondván: Légy türelemmel hozzám, és mindent megfizetek néked. De ő nem akará; hanem elmenvén, börtönbe veté őt, mígnem megfizeti, a mivel tartozik. Látván pedig az ő szolgatársai, a mik történtek vala, felettébb megszomorodának; és elmenvén, mindent megjelentének az ő uroknak, a mik történtek vala. Akkor előhivatván őt az ő ura, monda néki: Gonosz szolga, minden adósságodat elengedtem néked, mivelhogy könyörögtél nékem: Nem kellett volna-é néked is könyörülnöd a te szolgatársadon, a miképen én is könyörültem te rajtad? És megharagudván az ő ura, átadta őt a hóhérok kezébe, mígnem megfizeti mind, a mivel tartozik. Ekképen cselekszik az én *mennyei Atyám is veletek, ha szivetekből meg nem bocsátjátok, kiki az ő atyjafiának, az ő vétkeiket.*

Megkaptuk Isten, az Atya bocsánatát és kegyelmét, de nem vagyunk képesek, vagy nem vagyunk hajlandóak a testvéreink hibáit megbocsájtani, ehelyett hajlunk a rivalizálásra, ellenségeskedésre, sértődésre, és az egymás provokálására.

Isten ezt mondja nekünk: *„A ki gyűlöli az ő atyjafiát, mind embergyilkos az: és tudjátok, hogy egy embergyilkosnak sincs örök élete, a mi megmaradhatna ő benne"* (János első levele 3, 15), *„Ekképen cselekszik az én mennyei Atyám is veletek, ha szivetekből meg nem bocsátjátok, kiki az ő atyjafiának, az ő vétkeiket"* (Máté evangéliuma 18, 35), és arra biztat, hogy *„Ne sóhajtozzatok egymás ellen, atyámfiai, hogy el ne ítéltessetek: ímé a Bíró az ajtó előtt áll"* (Jakab levele 5, 9).

Rá kell jönnünk, hogy ha szeretet helyett gyűlölnénk a testvérünket, akkor mi is bűnöznénk, és nem költözne belénk a Szentlélek, hanem lesújtottak lennénk. Ezért még ha a testvéreink gyűlölnek is, és csalódást okoznak nekünk, nem kell viszontgyűlölnünk őket, hanem a szívünket az igazzal kell felvérteznünk, meg kell értenünk őket, és meg kell bocsájtanunk nekik. A szívünknek képesnek kell lenni arra, hogy szeresse ezeket a testvéreket is. Amikor a Szentlélek segítségével megérted őket, megbocsájtasz nekik, és szereted őket, Isten megmutatja neked az együttérzését és kegyelmét, és véghezviszi a gyógyulást.

3) Ha kapzsiságot tanúsítottál ima közben, meg kell bánnod.

Amikor Jézus meggyógyított egy fiút, akit a gonosz szellemek megszálltak, a tanítványai megkérdezték tőle: *„Miért nem tudtuk mi kiűzni?"* (Márk evangéliuma 9, 29), Jézus ezt válaszolta: *„Ez csak az imával jöhet ki"* (Márk evangéliuma 9, 29).

Annak érdekében, hogy valamennyire meggyógyuljunk, az imánkat és könyörgésünket fel kell ajánlanunk. Isten nem fogja azonban megválaszolni az önérdek vezérelte imát, mivel nem szereti ezeket. Isten ezt parancsolta nekünk: *„Azért akár esztek, akár isztok, akármit cselekesztek, mindent az Isten dicsőségére míveljetek"* (Pál első levele a korinthusiakhoz 10, 31). Ezért a tanulmányaink célja és híresség vagy hatalom elérésének célja mind Isten dicsőségét kell hogy szolgálja. Jakab levelének 4, 2-3 verseiben ezt találjuk: *„Kívántok [valamit,] és nincs néktek: gyilkoltok és irígykedtek, és nem nyerhetitek meg; harczoltok és háborúskodtok; és nincsen semmitek, mert nem kéritek. Kéritek, de nem kapjátok, mert nem jól kéritek, hogy gerjedelmeitekre költsétek azt."*

Ha azért kérünk, hogy meggyógyuljunk és egészséges életet éljünk Isten dicsőségében: választ fogunk kapni, amikor kérdezünk. Azonban, ha nem gyógyulunk meg, amikor ezt kérjük, ez azért lehet, mert olyant kérünk, ami az igazsághoz képest nem helyes, bár Isten számtalanszor meg akar nekünk adni nagy dolgokat is, újra és újra.

Melyik fajta ima tetszik Istennek? Ahogy Jézus mondta Máté evangéliuma 6, 33 versében: *„Hanem keressétek először Istennek* *országát, és az ő igazságát; és ezek mind megadatnak néktek"* – ahelyett, hogy az étel, ruházat és hasonlók miatt aggódunk, először Istennek kell kedvére tennünk úgy, hogy a Királyságáért és igazságáért imádkozunk, valamint az evangelizációért és a szentesülésért. Csak ekkor fog Isten válaszolni az imádra, és ekkor adja meg számodra az áhított gyógyulást.

4) Ha hitetlenül imádkoztál, meg kell bánnod.
Istennek az az ima tetszik, amelyben megnyilvánul az egyén hite. A zsidókhoz írt levél 11, 6 részében ezt találjuk ezzel kapcsolatban: *„Hit nélkül pedig lehetetlen Istennek tetszeni; mert a ki Isten elé járul, hinnie kell, hogy ő létezik és megjutalmazza azokat, a kik őt keresik."* Ugyanígy, Jakab evangéliumának 1, 6-7 versei erre emlékeztetnek bennünket: *„De kérje hittel, semmit sem kételkedvén: mert a ki kételkedik, hasonlatos a tenger habjához, a melyet a szél hajt és ide s tova hány. Mert ne vélje az ilyen ember, hogy kaphat valamit az Úrtól."*

Ha valaki kétellyel a szívében imádkozik, akkor a Mindenhatót kérdőjelezi meg, megszentségteleníti az Ő hatalmát, és inkompetens Istenné alakítja Őt. Azonnal meg kell ezt bánnia, eszébe kell jutnia, milyen buzgósággal imádkoztak az ősatyák, és olyan hitet kell felépítenie magában, amellyel hihet a szívében.

Számos helyen a Bibliában azt találjuk, hogy Jézus azokat szerette, akiknek a hite nagy volt, ezeket kiválasztotta munkásainak, és a szolgálatát ezek segítségével hajtotta végre. Amikor az emberek képtelenek voltak a szeretetük kimutatására, Jézus megszidta őket, még a tanítványait is, a kishitűségük miatt

(Máté evangéliuma 8, 23-27), azonban megdicsérte és szerette azokat, akiknek a hite nagy volt, még akkor is, ha idegenek voltak (Máté evangéliuma 8, 1). Hogyan imádkozol, és milyen hittel rendelkezel?

Egy százados Máté evangéliumának 8, 5-13 verseiben odament Jézushoz, és azt kérte tőle, hogy gyógyítsa meg az egyik szolgálóját, aki otthon feküdt bénán, szörnyű szenvedésben. Amikor Jézus ezt mondta a századosnak: *„Eljövök, és meggyógyítom őt,"* (7. vers) a százados ezt válaszolta: *„Uram, nem vagyok méltó, hogy az én hajlékomba jőjj; hanem csak szólj egy szót, és meggyógyul az én szolgám"*, (8. vers) és megmutatta Jézusnak az ő nagy hitét. Amikor Jézus meghallotta a százados szavait, örült, és megdicsérte őt: *„Bizony mondom néktek, még az Izráelben sem találtam ilyen nagy hitet"* (10. vers). A százados szolgája még abban az órában meggyógyult.

Márk evangéliumának 5, 21-43 verseiben lejegyezték, hogyan történt egy csodálatos gyógyulás. Amikor Jézus a tengeren volt, az egyik zsinagóga vezető, Jairus odament Hozzá, és a lába elé borult. Jairus így könyörgött Jézusnak: *„Az én leánykám halálán van; jer, vesd reá kezedet, hogy meggyógyuljon és éljen."*

Amint Jézus Jairussal gyalogolt, egy nő, aki tizenkét éve vérzett, odament Hozzá. Sokat szenvedett, számos orvosa volt, rengeteg pénzt elköltött, azonban egyre rosszabbul volt.

A nő hallotta, hogy Jézus a közelben volt, és a tömeg közepette, akik Jézust követték, odament mögé, és megérintette a palástját. Mivel ez a nő hitt abban, hogy *„Ha megérintem a palástját, jobban leszek,"* (28. vers) amikor megérintette a ruhadarabot, a vérének folyása elállt, és azt érezte nyomban, hogy meggyógyult. Jézus, amikor látta, hogy a hatalma megnyilvánult, azonnal megfordult a tömeg felé, és ezt mondta: *"Ki ért hozzá a ruhámhoz?"* (30. vers) Amikor a nő bevallotta, mit történt, Jézus ezt mondta neki: *"Leányom, a te hited megtartott téged. Eredj el békével, és gyógyulj meg a te bajodból"* (34. vers). Jézus az üdvösséget adta a nőnek, csakúgy, mint az egészség áldását.

Abban az időben Jairus házából az emberek ilyeneket mondtak: *"A lányod halott"* (35. vers). Jézus biztosította Jairust, mondván: *"Ne félj, csak higgy"* (36. vers), és továbbment Jairus háza felé. Ott ezt mondta Jézus az embereknek: *"A gyerek nem halott, hanem alszik"* (39. vers), és ezt mondta a lánynak: *"Talitha koum!"* (ami azt jelenti: *"Kislány, azt mondom neked: állj fel!"*) (41. vers). A lány azonnal felállt, és elkezdett járni.

Hinned kell abban, hogy amikor hittel kérsz, még egy komoly betegség is meggyógyulhat, és a halottak feléledhetnek. Ha mostanáig kételyeid voltak, gyógyulj meg, és legyél erős oly módon, hogy ezt a bűnt megbánod.

5) Meg kell vallanod és bánnod, hogy megszegted Isten parancsolatait.

János evangéliumának 14, 21 verseiben Jézus ezt mondja nekünk: *"A ki ismeri az én parancsolataimat és megtartja azokat, az szeret engem; a ki pedig engem szeret, azt szereti az én Atyám, én is szeretem azt, és kijelentem magamat annak."* János első levelének 3, 21-22 verseiben újra emlékeztetnek bennünket: *"Szeretteim, ha szívünk nem vádol minket, bizodalmunk van az Istenhez; És akármit kérjünk, megnyerjük tőle, mert megtartjuk az ő parancsolatait, és azokat cselekeszszük, a mik kedvesek előtte."* Egy bűnös nem lehet magabiztos Isten előtt. Azonban ha a szívünk tisztességes és hibátlan, amikor az igazsághoz képest megméretik, bármit kérhetünk Istentől, bátran.

Ezért, hívőként meg kell tanulnod és meg kell értened a Tízparancsolatot, amely a Biblia hatvanhat könyvének az összegzése, és meg kell nézned, mennyire szegted meg ezeket az életed során.

I. Volt-e Isten előtt más isten a szívemben?

II. Bálványoztam-e bármikor a tulajdonomat, gyermekeimet, egészségemet, üzleti vállalkozásomat és hasonlókat, és imádtam-e ezeket?

III. Vettem-e valaha Isten nevét hiábavalóan a szájamra?

IV. Mindig megtartottam a szombatot szabadnak?

V. Mindig tiszteltem a szüleimet?

VI. Követtem-e el fizikai vagy szellemi gyilkosságot azzal, hogy utáltam a testvéreimet, vagy mert miattam bűnt követtek el?

VII. Elkövettem-e valaha házasságtörést, akár csak a

szívemben is?

VIII. Loptam-e valaha?

IX. Tanúskodtam-e hamisan valaha a szomszédaim ellen?

X. Kívántam-e valaha a szomszédaim tulajdonát?

Ráadásul, azt is ellenőrizned kell visszamenőleg, hogy betartottad-e Isten parancsát úgy, hogy úgy szeretted a szomszédaidat, mint saját magadat. Amikor engedelmeskedsz Neki, és betartod a Parancsolatait, a hatalom Istene meg fog gyógyítani bármilyen betegséget.

6) Meg kell bánnod, hogy nem Istenbe vetetted a bizalmadat.

Mivel Isten ellenőriz mindent az univerzumban, létrehozott egy sor törvényt, melyek a szellemi világra érvényesek, és mint egy igazságos bíró, Ő irányít és kezel mindent és mindenkit, ezeknek megfelelően.

Dániel könyvének 6. részében Dáriusz király nehéz helyzetbe került, amelyben nem tudta megmenteni az ő szeretett szolgáját, Dánielt az oroszlánok barlangjától, még királyként sem. Mivel saját írásával írta meg a törvényt, nem tudta azt megszegni később. Ha a király lenne az első, aki meghajlítja a törvényt kénye-kedve szerint, ki engedelmeskedne neki később? Ezért aztán, amikor a szolgálóját, Dánielt az oroszlánok barlangjába akarta dobni néhány gonosz ember, Dáriusz semmit sem tehetett.

Ugyanígy, ahogy Isten sem görbíti a törvényeket, és nem szegi meg őket, hisz éppen Ő teremtette meg ezeket, az univerzumban minden az Ő hatalmának megfelelően történik, szoros rendben. Ezért: *„Ne tévelyegjetek, Isten nem csúfoltatik meg; mert a mit vet az ember, azt aratándja is"* (A galatákhoz írt levél 6, 7).

Amennyit vetettél az imáddal, olyan mértékben kapsz válaszokat, és fejlődsz szellemileg, a belső éned megerősödik, a szellemed meg megújul. Ha korábban beteg voltál, de most az Istenbe vetett hited vezet, és imádkozol, részt veszel a könyörimákban, megkapod az egészség áldását, és megtapasztalod, hogy megváltozik a tested. Ha Istenbe veted a hited, Ő meg fog védeni a megpróbáltatásoktól, és megadja neked a jobb egészség áldását.

Azzal, hogy megérted: mennyire fontos Istenbe vetni a hited – amellyel lemondasz a világi reményekről, melyek a pusztuláshoz és romláshoz vezetnek – amellyel elkezded a mennyei ajándékaidat felhalmozni igaz hittel, a Mindenható Isten elvezet téged az örökké egészséges élethez.

Isten Szavával elemeztük: milyen fal állt Isten és az ember közé, és miért éltünk a betegség kínjai között. Ha nem hittél Istenben, és a betegségtől szenvedtél, fogadd el Jézust a Megmentődként, és kezdd el az új életed a Krisztusban. Ne félj azoktól, akik nem figyelnek a hús szavára. Ehelyett – azzal, hogy attól félsz, aki a testet és a szellemet a pokolra tudja küldeni –

vigyázz az Istenbe vetett hitedre, az üdvösség Istenébe, aki megment a szüleid, testvéreid, házastársad, anyósod, apósod, és a többiek üldözésétől.

Ha hívő vagy, de betegségtől szenvedsz, szállj magadba, és ellenőrizd, hogy nincs-e gonoszság, gyűlölet, féltékenység, irigység, igaztalanság, piszok, kapzsiság, gyilkosság, vita, pletyka, baljós indíttatás, megvetés, büszkeség, és hasonló maradvány a szívedben. Azzal, hogy Istenhez imádkozol, és megbocsájtást nyersz az Ő együttérzése és kegyelme által, megkapod a betegségedre is a választ.

Sok olyan ember létezik, aki megpróbál Istennel alkut kötni. Azt mondják: ha előbb Isten meggyógyítja a betegségüket, hisznek majd Jézusban, és követik Őt. Azonban Isten minden egyes ember szívét jól ismeri, csak miután megtisztította őket spirituálisan, fogja meggyógyítani őket fizikailag is.

Értsd meg: Isten és az ember gondolatai különbözőek, ezért először engedelmeskedj Istennek, hogy a lelked jól kijöjjön Vele, gyógyuljon meg az összes betegséged a sok áldástól, az Úr nevében imádkozom!

Harmadik fejezet

Isten a gyógyító

Ha a te Uradnak Istenednek
szavára hűségesen hallgatsz és azt cselekeszed,
a mi kedves az szemei előtt és figyelmezel
az ő parancsolataira és megtartod minden rendelését:
egyet sem bocsátok reád ama betegségek közül,
a melyeket Égyiptomra bocsátottam,
mert én vagyok az Úr,
a te gyógyítód.

Exodus 15, 26

1. Miért lesz beteg az ember?

Bár Isten a gyógyító azt akarja, hogy az összes gyermeke egészséges életet éljen, sokan közülük a betegség fájdalmától szenvednek, és nem képesek a betegség gondját megoldani. Minden eredménynek van egy oka, és ily módon minden betegségnek is van egy oka. Bármely betegség gyorsan meggyógyulhat, ha az okát meghatározták, és mindenki, aki meg akar gyógyulni, először meg kell hogy határozza a betegsége okát. Isten Szavával az Exodus 15, 26-ból megnézzük a betegség okát, és azt, mily módon lehetünk szabadok a betegségtől, és hogyan élhetünk egészséges életet.

„Az ÚR" az Istent jelenti, és azt, hogy „AZ VAGYOK, AKI VAGYOK" (Exodus 3, 14). A név arra is utal, hogy mindenki más a Leginkább Tisztelt Isten fennhatósága alá tartozik. Abból, ahogy Isten magára utal, mint „az ÚR, a te gyógyítód" (Exodus 15, 26), megismerjük Isten szeretetét, amely megszabadít minket a betegség agóniájától, és Isten hatalmát is, amely meggyógyítja a betegséget.

Az Exodus 15, 26-ban, Isten ezt ígérte meg nekünk: *„Ha a te Uradnak Istenednek szavára hűségesen hallgatsz és azt cselekeszed, a mi kedves az szemei előtt és figyelmezel az ő parancsolataira és megtartod minden rendelését: egyet sem bocsátok reád ama betegségek közül, a melyeket Égyiptomra bocsátottam, mert én vagyok az Úr, a te gyógyítód."* Ily módon, ha beteg leszel, az csak azt bizonyítja, hogy nem azt tetted, ami helyes az Ő szemében, nem hallgattad meg figyelmesen az Ő hangját, és nem figyeltél eléggé az Ő parancsolataira.

Mivel Isten gyermekei a mennyország lakosai, a mennyország törvényei szerint kell viselkedniük. Azonban, ha a mennyország polgárai nem tartják be az Ő törvényeit, Isten nem védheti meg őket, mert a bűn az törvénytelenséget jelent (János első levele 3, 4). Akkor a betegség erői beszivárognak, és Isten engedetlen gyermekeit a betegség kínjai között hagyják.

Nézzük meg közelről azt, hogyan betegedhetünk meg, a betegség okait, és azt, hogyan tudja Isten a gyógyító hatalma meggyógyítani azokat, akik betegek közülünk.

2. Egy példa arra, amikor valaki a bűne miatt lesz beteg

A Bibliában Isten újra és újra elmondja nekünk azt, hogy a betegség oka a bűn. János evangéliuma 5, 14 ezt tartalmazza: *„Ezek után találkozék vele Jézus a templomban, és monda néki: Ímé meggyógyultál; többé ne vétkezzél, hogy rosszabbul ne legyen dolgod!"* Ez a vers arra emlékeztet minket, hogy ha az ember vétkezett volna, egy súlyosabb betegséggel sújtotta volna őt Isten, mint korábban, és arra is, hogy a bűn által leszünk betegek.

Mózes ötödik könyvének 7, 12-15 verseiben Isten megígérte nekünk: *„Ha pedig engedelmeskedtek e végzéseknek, és megtartjátok, és teljesítitek azokat: az Úr, a te Istened is megtartja néked a szövetséget és irgalmasságot, a mely felől megesküdött a te atyáidnak. És szeretni fog téged, és megáld* *téged, és megsokasít téged; és megáldja a te méhednek gyümölcsét, a te földednek gyümölcsét: gabonádat, mustodat és olajodat; teheneid fajzását és juhaidnak ellését azon a földön, a mely felől megesküdt a te atyáidnak, hogy néked adja azt. Áldottabb lészesz minden népnél; nem lészen közötted magtalan férfi és asszony, sem barmaid között [meddő.] És távol tart az Úr te tőled minden betegséget, és Égyiptomnak minden gonosz nyavalyáját, a melyeket ismersz; nem veti azokat te reád, hanem mind azokra, a kik gyűlölnek téged."*

Akik gyűlölködnek, azokban gonosz és bűn van, és betegség száll ezekre az emberekre.

Mózes ötödik könyvének 28. részében, amelyet „Az áldás fejezetének" is hívnak, Isten feltárja előttünk, milyen áldásokban lesz részünk, ha teljesen követjük Őt, és odaadással betartjuk az Ő összes parancsát. A ránk eső átkokról is beszél, amelyek akkor érnek utol, ha nem tartjuk be a Törvényeit és Parancsolatait.

Különös részletességgel említi meg azt a három féle betegséget, amelyek sújthatnak bennünket, ha ellenszegülünk Istennek. Ezek a következők: lepra, fogyás, gyulladás, láz és kiszáradás, kelés és penész; „egyiptomi fekély, kelés, viszketegség, rühesség, amelyekből nem tudsz kigyógyulni"; őrültség, vakság, elmezavar, amelytől senki sem tud majd szabadítani, és ezek a teljes testedet érintik majd, a lábadtól a fejed búbjáig (Mózes ötödik könyve 28, 21-35).

Meg kell értened, hogy a betegség oka a bűn, és ha beteg leszel, először meg kell bánnod, hogy nem Isten szavának megfelelően éltél, és bocsánatot kell kérned és kapnod. Ha meggyógyultál, mert az Ő szavát követted, többé soha nem szabad bűnöznöd.

3. Egy eset, amelynek egy ember beteg lesz, de nem tudja, hogy vétkezett

Néhányan azt mondják, hogy bár nem vétkeztek, mégis betegek lettek. Azonban Isten szava azt mondja nekünk, hogy ha azt tesszük, ami kedves az Ő szemében, és ha betartjuk a Parancsolatait, akkor Isten nem küld ránk semmilyen betegséget. Ha betegek lettünk, el kell ismernünk, hogy menet közben valahol olyat tettünk, ami nem volt helyes az Ő szemében, és nem tartottuk meg a törvényeit.

Mi a bűn, ami a betegséget okozza?

Ha valaki az egészséges testét – amelyet Isten adott nekünk – önkontroll és erkölcs nélkül „használja", ellenszegül a Törvényeknek, hibákat követ el vagy rendezetlen életet él, nagyobb kockázatot vállal arra nézve, hogy megbetegszik. A betegségek ezen csoportjába tartoznak a gasztroenterológiai betegségek is, amelyek között van a túlzott vagy rendszertelen evés, májbetegség az alkoholfogyasztástól és dohányzástól, és számos más betegség, ami a test „túlhasználatából" ered.

Lehet, hogy a fentiek nem tűnnek bűnnek, ha emberi szemmel nézzük őket, azonban Isten szemében bűnök. A túlzott evészet bűn, mivel az ember kapzsiságát és azt mutatja, hogy a személy nem képes önkontrollt gyakorolni. Ha valaki azért lesz beteg, mert rendszertelenül evett, a bűne az, hogy nem vezetett rutinszerű életmódot, és nem tartotta be az evések idejét, hanem a testével önkontroll nélkül visszaélt. Ha valaki azért lesz beteg, mert olyan ételt evett, amely még nem készült el teljesen, a bűne türelmetlenség: nem az igazság szerint cselekedett.

Ha valaki gondatlanul bánik a késsel és elvágja a kezét, aminek következtében a seb befertőződik, ez is a bűnének a következménye. Ha valóban szeretné Istent, Isten mindig távol tartaná őt a balesetektől. Még ha bűnt követ is el, Isten megmutatja a menekülést, és – mivel azon emberek javáért dolgozik, akik szeretik Őt – a teste nem fog megsérülni. A sebek és sérülések azért keletkeznek, mert sebtében cselekedett, nem erényesen, és ezek mind bűnök Isten szemében, ezért a cselekedete bűnös.

Ugyanez vonatkozik a dohányzásra és ivásra. Ha valaki tudja, hogy a dohányzás ködösíti az agyat, tönkreteszi a hörgőit, valamint rákot okoz, azonban ennek ellenére nem tud lemondani róla, és valaki tudja, hogy az alkoholban lévő méreg tönkreteszi a beleit és károsítja a szerveit, de még ekkor sem képes lemondani róla, ezek bűnös cselekedetek. Az önkontroll hiányát, valamint a kapzsiságot mutatják, a szeretet hiányát a test iránt, és azt: nem követtük Isten akaratát. Hogy ne lennének ezek bűnös cselekedetek?

Ha nem is lennénk biztosak abban, hogy az összes betegség a bűnből származik, most már biztosak lehetünk, mivel különböző eseteket néztünk meg, és Isten Szavának megfelelően felmértük ezeket. Mindig be kell tartanunk az Ő szavát, és annak megfelelően kell élnünk, hogy szabadok maradhassunk a bűntől. Más szóval, amikor azt tesszük, ami helyes az Ő szemében, figyeljük a parancsolatait, és megtartjuk a törvényeit, Ő meg fog védeni bennünket minden betegségtől, mindig.

4. Betegségek, amelyeket a neurózis, és más mentális rendellenességek okoznak

A statisztikai adatok szerint a neurózisban és más mentális rendellenességben szenvedő emberek száma növekszik. Ha az emberek türelmesek, ahogy Isten kéri tőlük, és ha az igazságnak megfelelően megbocsájtanak, szeretnek, és megértik egymást, könnyen meggyógyulhatnak az ilyen betegségekből. Azonban még van gonoszság a szívükben, ami megakadályozza őket abban, hogy az Ige szerint éljenek. A mentális szenvedés ártalmas a testrészek és az immunrendszer számára is, így végül betegséghez vezet. Amikor az Ige szerint élünk, az érzéseink nyugodtak lesznek, nem leszünk türelmetlenek, és az elménk nyugodt marad.

Vannak olyan emberek is körülöttünk, akik nem tűnnek gonosznak, mégis betegségtől szenvednek. Mivel visszatartják magukat attól, hogy még a szokásos érzelmeiket is kifejezzék, sokkal komolyabb betegségtől szenvednek, mint azok, akik kiadják magukból a dühüket, és a tombolástól sem riadnak vissza. Az igazság szerinti jóság nem jelenti azt, hogy az ellentétes érzelmek agóniájától szenvedünk; sokkal inkább azt, hogy egymást megértjük a megbocsájtás és szeretet által, és vigaszt találunk az önmérsékletben és kitartásban.

Ráadásul, amikor az emberek tudatosan követik el a bűnöket, mentális betegségtől fognak szenvedni, mivel szenvednek a mentális kínoktól. Mivel nem a jóságot követik, hanem a gonoszt, a szellemi szenvedésük eredménye csak betegség lehet. Tudnunk kell, hogy a neurózis és a többi mentális rendellenesség saját magunk miatt jön létre, hiszen a saját butaságunk és gonoszságunk okozza ezeket. Ebben az esetben a szeretet Istene mindazokat meggyógyítja, akik Őt keresik, és az Ő gyógyítását kérik. Sőt, a mennyország reményét is megadja nekik, és megengedi a számukra, hogy igaz boldogságban és kényelemben éljenek.

5. Az ellenséges ördögtől származó betegségek is a bűn következményei

Vannak olyan emberek, akiket megszállt az ördög, és mindenfajta betegségtől szenvednek, amelyeket az ellenséges ördög okoz nekik. Ez azért van, mert elhagyták Isten akaratát, és eltávolodtak az igazságtól. Rengeteg ember azért lesz beteg, fizikailag korlátozott, vagy démonok által megszállt, mert a családjában bálványokat imádtak, és Isten utálja a bálványimádást.

Az Exodus 20, 5-6-ban ezt találjuk: *„Ne imádd és ne tiszteld azokat; mert én, az Úr a te Istened, féltőn – szerető Isten* *vagyok, a ki megbüntetem az atyák vétkét a fiakban, harmad és negyediziglen, a kik engem gyűlölnek. De irgalmasságot cselekszem ezeriziglen azokkal, a kik engem szeretnek, és az én parancsolatimat megtartják."* Egy különleges parancsot adott nekünk, ami által megtiltja, hogy bálványokat imádjunk. A Tízparancsolat első két részéből könnyen láthatjuk, mennyire utálja Ő a bálványimádást: *"Ne legyenek néked idegen isteneid én előttem"* (3. vers), és *"Ne csinálj magadnak faragott képet, és semmi hasonlót azokhoz, a melyek fenn az égben, vagy a melyek alant a földön, vagy a melyek a vizekben a föld alatt vannak"* (4. vers).

Ha a szülők nem tartják be Isten akaratát, és bálványokat imádnak, a gyermekeik természetesen követni fogják őket. Ha a szülők ellenszegülnek Istennek, és gonoszt cselekednek, a gyermekeik természetesen követni fogják őket, és ők is gonoszt fognak cselekedni. Amikor az engedetlenség bűne eléri a harmadik és negyedik generációt, a bűn fizetségeként a leszármazottjaik is szenvedni fognak azoktól a betegségektől, amelyeket az ellenséges ördög rájuk mér.

Abban az esetben, ha a szülők bálványokat imádtak, de a gyermekeik már a jó szívük miatt Istent imádják, Ő meg fogja mutatni irántuk a szeretetét és a kegyelmét, és meg fogja őket áldani. Ha jelenleg az emberek az ellenséges ördög által rájuk hozott betegségektől szenvednek, mert elhagyták Isten szavát, és eltávolodtak az igazságtól, amikor megbánást tanúsítanak, és elfordulnak a bűntől, Isten a gyógyító meg fogja őket tisztítani. Néhány embert azonnal meggyógyít, míg másokat kis idő elteltével, míg másokat annak megfelelően gyógyít majd meg, hogy mennyit gyarapodtak a hitükben. A gyógyulás munkája Isten akaratának megfelelően fog megtörténni: ha az emberek állhatatos szívvel bírnak az Ő szemében, akkor azonnal meggyógyulnak, azonban, ha a szívük ravasz, később gyógyulnak meg csak.

6. Akkor leszünk a betegségtől mentesek, amikor hitben élünk

Mivel Mózes mindenki másnál a földön alázatosabb volt (Mózes ötödik könyve 12, 3), és Isten teljes házában hűséges volt, Isten hűséges szolgájának tekintette őt (Mózes ötödik könyve 12, 7). A Biblia elmeséli, hogy amikor Mózes meghalt százhúsz éves korában, a szemei nem voltak gyengék, és ő maga sem (Mózes ötödik könyve 34, 7). Mivel Ábrahám teljes ember volt, és hittel engedelmeskedett Istennek, és imádta Őt, 175 éves korában halt meg (Genezis 25, 7). Dániel egészséges volt annak ellenére, hogy kizárólag növényekkel táplálkozott (Dániel próféta könyve 1, 12-16), míg keresztelő János megtermett volt, bár csak akácvirágot és vadmézet evett (Máté evangéliuma 3, 4).

Eltűnődhetünk azon, hogy maradhat valaki egészséges úgy, hogy nem eszik húst. Azonban a teremtés után Isten azt mondta az embernek, hogy csak gyümölcsökkel táplálkozzon. A Genezis 2, 16-17 verseiben Isten ezt mondja az embernek: *„És parancsola az Úr Isten az embernek, mondván: A kert* *minden fájáról bátran egyél. De a jó és gonosz tudásának fájáról, arról ne egyél; mert a mely napon ejéndel arról, bizony meghalsz."* Ádám engedetlensége után Isten azt engedte meg neki, hogy a föld növényeiből egyen (Genezis 3, 18), és amint a bűn tovább virágzott a földön, az árvíz ítélete után, Isten ezt mondta Noénak a Genezis 9, 3-ban: *"Minden mozgó állat, a mely él legyen nektek eledelűl; a mint a zöld fűvet, nektek adtam mindazokat."* Ahogy az ember fokozatosan gonosszá vált, Isten megengedte neki, hogy húst egyen, de nem bármilyen „megvetendő" húst (Mózes harmadik könyve 11, Mózes ötödik könyve 14).

Az Újtestamentum idején Isten ezt mondja nekünk Az apostolok cselekedetei 15, 29-ben: *"Hogy tartózkodjatok a bálványoknak áldozott dolgoktól, a vértől, a fúlvaholt állattól, és a paráznaságtól; melyektől ha megóvjátok magatokat, jól lesz dolgotok. Legyetek egészségben!"* Megengedte nekünk, hogy olyan ételt együnk, amely jó az egészségünknek, és arra intett ugyanakkor, hogy óvakodjunk attól az ételtől, amely káros arra nézve. A legjobb az lenne számunkra, ha egyáltalán nem ennénk olyan ételt, és nem innánk olyan italt, amely nem tetszik Neki. Feltéve, hogy az Ő akaratát követjük, és hitben élünk, a testünk erősebb lesz, a betegségek elhagynak bennünket, és nem lesz olyan új betegség sem, amely elboríthat bennünket.

Sőt, ha igazságban élünk, nem leszünk betegek, mivel kétezer évvel ezelőtt Jézus Krisztus eljött erre a földre, és megmentett a bűneinktől. Mivel hiszünk abban, hogy a vérének kiontása által megmentett a bűneinktől, és a megpróbáltatásai és vállalása révén

(Máté evangéliuma 8, 17) meggyógyulunk, a hitünk szerint fog minden történni (Ézsaiás könyve 53, 5-6, Péter első levele 2, 24).

Mielőtt Istennel találkoztunk volna, nem volt hitünk. A bűnös természetünk miatti vágyaink követésében éltünk, és a bűneink miatti betegségektől szenvedtünk. Amikor hitben élünk, és mindent igazságosan cselekszünk, áldottak leszünk a jó egészségünk miatt.

Ha az elme egészséges, a test is az lesz. Mivel az igazságban élünk, és Isten Szavának megfelelően cselekszünk, a testünk tele lesz a Szentlélekkel. A betegségek elmúlnak, és amint a testünk meggyógyul, többé nem lesz érzékeny az újabb betegségek iránt.

Azt kívánom, hogy az igazságnak megfelelően cselekedj, hittel, hogy a lelked boldoguljon, te pedig meggyógyulj a betegségekből, és egészséges legyél! Isten határtalan szeretetéből részesülj, mivel betartod az Ő törvényét, és annak megfelelően élsz – mindezekért az Úr nevében imádkozom!

Negyedik fejezet

A megpróbáltatásai
által meggyógyulunk

Pedig betegséginket ő viselte,
és fájdalmainkat hordozá, és mi azt hittük,
hogy ostoroztatik, verettetik és kínoztatik Istentől!
És ő megsebesíttetett bűneinkért, megrontatott a mi vétkeinkért,
békességünknek büntetése rajta van,
és az ő sebeivel gyógyulánk meg.

Ézsaiás könyve 53, 4-5

1. Jézus az Isten Fiaként az összes betegséget meggyógyította

Az emberek az életük során egy sor problémával szembesülnek. Ahogy a tenger sem mindig csendes, az élet tengerén is vannak gondok, melyek lehetnek családdal, munkahellyel, betegséggel, vagyonnal vagy hasonlókkal kapcsolatosak. Nem túlzunk, ha azt mondjuk, hogy ezek közül a legsúlyosabb a betegség gondja.

Függetlenül attól, hogy mekkora tudása vagy vagyona van egy illetőnek, ha egy súlyos betegség éri, minden, amiért küzdött addigi életében, értéktelenné válik. Másrészt azt látjuk, hogy amint az anyagi civilizáció fejlődik, az emberek egészség utáni vágya is egyre nagyobb. Másrészt: hiába fejlődött az orvostudomány, egyre újabb és újabb, ritka betegségeket fedeznek fel, amelyek meggyógyításához nincs elég tudásunk, és a szenvedő emberek száma egyre magasabb. Ezért fektetünk egyre nagyobb hangsúlyt az egészségre manapság.

A szenvedés, a betegség meg a halál – melyek mind a bűnből származnak – az ember korlátait jelképezik. Amint Ő tette az Ótestamentum idején, ma is megmutatja Isten számunkra azt az utat, amely révén megszabadulhatunk a betegségtől, a Jézus Krisztusba vetett hitünk által. Nézzük meg a Bibliát, és határozzuk meg, hogyan kapunk választ a betegségeinkre, és hogyan élhetünk egészséges életet a Jézus Krisztusba vetett hitünk által.

Amikor Jézus megkérdezte a tanítványait, hogy „Ki vagyok

én szerintetek?", Simon és Péter azt válaszolták: „Te vagy Krisztus, az élő Isten Fia!" (Máté evangéliuma 16, 15-16). Ez a válasz eléggé egyszerűnek tűnik, azonban világosan mutatja azt is, hogy egyedül Jézus a Krisztus.

Az Ő ideje alatt Jézust nagy tömeg kísérte, mivel mindenkit meggyógyított, aki beteg volt. Beleértve a démonok által megszállottakat, az epilepsziásokat, a bénákat, és másokat, akik egy egész sor betegségtől szenvedtek. Amikor a leprások, a lázasak, a sánták, a vakok, és a többi beteg is mind meggyógyult Jézus érintésétől, követni kezdték Őt, és szolgálták Őt. Mennyire nagyszerű lehetett ez a látvány! Amikor megtapasztalták a gyógyulást és a csodákat, az emberek hittek Jézusnak, és elfogadták Őt, az életük problémáira választ kaptak, és a betegek meggyógyultak. Sőt, ahogy Jézus idejében az emberek meggyógyultak, ma is bárki, aki megjelenik Előtte, az is gyógyulásban részesülhet.

Egy ember, aki sánta volt, részt vett egy péntek éjjeli istentiszteleten nem sokkal az után, hogy megalakult a templomunk. Autóbalesete volt, ami után sokáig terápiában részesült egy kórházban. Azonban, mivel az inak a lábában megnyúltak, nem tudta behajlítani a térdét, és mivel a lábikrája nem mozgott, lehetetlen volt számára a járás. Ahogy az istentiszteletet hallgatta, vágyakozott Jézus után és arra, hogy meggyógyuljon. Amikor komolyan imádkoztam érte, felállt és elkezdett járni. Ahhoz hasonlóan, amikor egy sánta a templom mellett, akit Gyönyörűnek hívtak, felugrott, és járni kezdett Péter imája alatt (Az apostolok cselekedetei 3, 1-10), Isten csodálatos munkája nyilvánult meg itt is.

Ez a bizonyíték arra, hogy aki hisz Jézus Krisztusban és az Ő nevében megbocsájtást nyer, minden betegségéből meggyógyul, azokból is, amelyekre az orvosi tudomány nem tudott semmilyen segítséget nyújtani, mivel a teste megújul és újra egészséges lesz. Isten, aki ma is, holnap is, és mindig ugyanaz (A zsidókhoz írt levél 13, 8) azokban az emberekben működik, akik hisznek Benne, és a hitük mértékének megfelelően keresik Őt, és meggyógyít számos betegséget, a vakok szemét meggyógyítja, és a sántákat felállítja.

Bárki, aki elfogadta Jézus Krisztust és megbocsájtják a bűneit, Isten gyermekévé válhat, és a szabadságban kell élnie.

Nézzük meg részletesen, miért élhetünk egészséges életet, amikor hiszünk Jézus Krisztusban.

2. Jézust ostorozták, és a vérét ontották

A keresztre feszítése előtt Jézust megostorozták a római katonák, és Poncius Pilátus udvarában a vérét ontották. Eben az időben a római katonák robusztusak voltak, rendkívül erősek, és jól képzettek. Végül is egy olyan birodalom katonái voltak, amely a világot irányította. Szavakkal nem lehet megfelelően leírni azt a fájdalmat, amit Jézus érezhetett, amikor ezek a katonák a ruháit levették és megostorozták őt. Az ostorcsapásoknál az ostor a teste köré fonódott, és minden egyes csapásnál a húsát és a vérét vette.

Miért kellett Jézusnak, aki Isten fia és bűntelen, hibátlan

és tökéletes, elszenvednie ezt a kegyetlen ostorozást, és miért kellett értünk, bűnösökért véreznie? Ebben az eseményben egy rendkívül mély filozófiai vonatkozást találunk, Isten csodálatos gondviseléséből.

Péter első levelének 2, 24 versei azt tartalmazzák, hogy Jézus sebei által megmenekültünk. Ézsaiás könyvének 53, 5 verse feltárja: a gyógyulásunk az Ő megostorozása miatt következett be. Körülbelül kétezer évvel ezelőtt Jézus, Isten fia kegyetlen megpróbáltatásoknak volt kitéve azért, hogy mindannyiunkat megszabadítson a betegségtől, és vérének azért kellett folynia, mert mi nem éltünk Isten Szava szerint. Ha hiszünk Jézusban, akit megostoroztak és elvérzett, már meg is gyógyulunk a betegségünkből. Ez Isten csodálatos szeretetének és bölcsességének jelképe.

Ezért, ha betegségtől szenvedsz Isten gyermekeként, bánd meg a bűneid, és hidd el, hogy már meg is gyógyultál. Mert: „*A hit pedig a reménylett dolgoknak valósága, és a nem látott dolgokról való meggyőződés*" (A zsidókhoz írt levél 11, 1). Ha érzel is fájdalmat a tested részeiben, a hit által, amellyel ezt mondod: „Már meggyógyultam", valóban hamarosan meg fogsz gyógyulni.

Az általános iskola évei alatt megütöttem a bordámat, és amikor időről időre visszatért, a fájdalom olyan erős volt, hogy lélegezni is alig tudtam. Miután elfogadtam Jézus Krisztust, körülbelül egy-két évre rá egy nehéz tárgyat próbáltam felemelni, és olyan nagy volt hirtelen a fájdalmam, hogy alig tudtam lépni. Azonban, mivel hittem, és megtapasztaltam a Mindenható Isten hatalmát, komolyan így imádkoztam: „Imám után a fájdalom megszűnik, én meg járni fogok." Mivel csak a mindenható Istenben hittem, és a fájdalom gondolatát kitöröltem az agyamból, tudtam állni és járni. Olyan volt, mintha a fájdalom csak a képzeletemben létezett volna.

Ahogy Jézus mondta nekünk Márk evangéliumának 11, 24 versében: *„Azért mondom néktek: A mit könyörgéstekben kértek, higyjétek, hogy mindazt megnyeritek, és megleszen néktek"* – ha hiszünk abban, hogy már meggyógyultunk, meg is fogunk, a hitünknek megfelelően. Azonban, ha azt hisszük, hogy még nem gyógyultunk meg, mert sunyi fájdalmaink vannak, a betegség valóban nem fog eltűnni. Más szóval csak amikor megtörjük a saját gondolataink keretét, akkor lesz minden úgy, ahogy a hitünk diktálja.

Ezért mondja azt Isten, hogy a bűnös elme ellensége Istennek (A rómaiakhoz írt levél 8, 7), és arra biztat minket, hogy minden egyes gondolatot szabályozzunk úgy, hogy Istennek engedelmes legyen (Pál második levele a korinthusiakhoz 10, 5). Továbbá Máté evangéliumának 8, 17 versében azt látjuk, hogy Jézus átvette a betegségeinket. Ha azt gondolod „gyenge vagyok", csak gyenge maradhatsz. Azonban, függetlenül attól, mennyire vagy fáradt és mennyire nehéz az életed, ha a szájad ezt vallja: „Mivel Isten hatalma és kegyelme bennem van, valamint a Szentlélek irányít engem, nem vagyok fáradt", a fáradtság eltűnik, és robusztus, erős emberré válsz.

Ha valóban hiszünk Jézus Krisztusban, aki a betegségeinket mind magára vette, eszünkbe kell hogy jusson: nincs okunk a betegségtől való szenvedésre.

3. Amikor Jézus látta a hitüket

Most, hogy Jézus megpróbáltatásai által meggyógyultunk a betegségünkből, amire szükségünk van, az a hit, amellyel el is hihetjük ezt. Manapság sok ember, aki korábban nem hitt Jézus Krisztusban, Elé jön a betegségével. Néhányan kicsivel később meg is gyógyulnak, míg mások nem mutatnak gyógyulási jeleket még hónapokkal a sűrű imájuk után sem. Ez az utolsó csoport vissza kell hogy nézzen az életére, és meg kell hogy vizsgálja a hitét.

Márk evangéliumának 2, 1-12 verseiben egy beszámolót találunk arról a béna emberről, aki négy barátjával együtt tanúságot tett a hitéről, szinte kikényszerítve Isten gyógyító kezét, hogy munkába álljon, minekutána Őt dicsőítették.

Amikor Jézus Kapernaumba ment, az érkezésének a híre hamar elterjedt, és nagy tömeg gyűlt össze hirtelen. Jézus Isten Szavát terjesztette közöttük, és a tömeg meghallgatta őt, egyetlen szavát sem akarták kihagyni. Akkor négy ember egy béna embert hozott egy pokrócon, azonban a nagy tömeg miatt nem tudták őt közelebb hozni Jézushoz.

Azonban ők nem adták fel. Felmentek annak a háznak a tetejére, amelyben Jézus lakott, és megnyitották a ház tetejét, és leengedték a pokrócot, amelyen a barátjuk feküdt. Amikor Jézus látta a hitüket, azt mondta a béna embernek: „Fiam, a bűneid megbocsáttattak, állj fel, dobd el a pokrócod, és járj!", mire a béna megkapta a gyógyulást, amire oly nagyon vágyott. Amikor távozott a pokrócával a kezében, és mindenki láthatta őt, az emberek nagyon csodálkoztak, és Istennek dicsőséget adtak.

A béna ember olyan betegségtől szenvedett, hogy egyedül nem volt képes mozogni. Amikor meghallotta Jézus tetteinek a hírét, aki a vakokat látóvá tette, a sántákat felállította, a leprásokat megszabadította betegségüktől, a démonokat kiűzte, és sok más szenvedő embert meggyógyított, rendkívüli módon akarta, hogy találkozhasson Jézussal. Mivel jó szíve volt, ahogy a hír a fülébe jutott, nyomban látni akarta Jézust, függetlenül attól, hogy hol.

Aztán egy napon azt hallotta, hogy éppen Kapernaumba jön Ő. El tudod képzelni, mennyire örülhetett erre a hírre? Biztosan kereste azokat a barátait, akik segíteni tudnának neki, és azok, mivel szintén hívők voltak, készen álltak rá, hogy segítsék őt. Mivel ők is hallottak már Jézusról, a barátjuk kívánságára azonnal segítettek neki.

Ha a barátai figyelmen kívül hagyták volna a kérését, mondván: „Hogy hihetnél ilyen dolgokban, ha magad sem láttad azokat?", nem mentek volna át mindenféle nehézségen, hogy a barátjukon segíthessenek. Azonban, mivel ők maguk is hittek, képesek voltak arra, hogy a pokrócban elvigyék a barátjukat, mindenikük egy végét fogva annak, és még azt is vállalták, hogy a ház tetején át leengedik őt.

Amikor látták a nagy tömeget a nagy útjuk után, és látván, hogy nem tudnak közelébe férkőzni Jézusnak, mennyire aggódóak és csalódottak lehettek! Biztosan imádkoztak azért, bárcsak lenne egy kis hely, ahol előre haladhatnának. Azonban a nagy tömeg miatt nem láttak rést, és elkeseredtek. Végül úgy döntöttek, hogy felmennek annak a háznak a tetejére, amelyben

Jézus lakott, és leengedik a barátjukat az Ő lába elé. A béna ember jött a legmesszebbről azok közül, akik aznap összegyűltek. Ezzel a történettel azt példázzuk, mennyire tud valaki vágyakozni az iránt, hogy Jézus elé mehessen.

Arra is figyelnünk kell, hogy a béna és barátai nem egyszerűen jutottak Jézus elé. A tény, hogy ennyi mindent megtettek annak érdekében, hogy láthassák Őt a Róla szóló hírek után azt sugallja, hogy hittek az Ő tanításában és üzenetében. Azzal, hogy a nehézségeket legyőzték, megmutatták az alázatosságukat is.

Amikor az emberek látták, hogy a béna és barátai felmennek a tetőre, megnyitják azt, a tömeg akár feldühödhetett volna, vagy leszólíthatták volna őket a magasból. Valami elképzelhetetlen is történhetett volna. Azonban ennek az öt embernek senki és semmi nem vehette el a kedvét. Amint találkoztak Jézussal, a béna meggyógyulhatott, ők meg megjavították a tetőt, valószínűleg.

Manapság sok ember szenved komoly betegségektől, azonban sem ő, sem a családtagjai nem hisznek igaziból. Ahelyett, hogy agresszívan közelítenének Jézushoz, könnyen kimondják, hogy „Szörnyen beteg vagyok. Szeretnék menni, de nem tudok", vagy „xy a családomból olyan beteg, hogy nem lehet kimozdítani." Nagyon elcsüggesztő dolog ilyen passzív embereket látni, mivel mintha arra várnának, hogy az alma a szájukba essen az almafáról. Ezek az emberek enyhén szólva hitetlenek.

Ha az embereknek van hite Istenben, komolyan meg kell mutatniuk azt. Isten munkáját nem lehet úgy megtapasztalni, hogy a hitünket tudásként éljük meg, csak ha cselekedetekkel éljük meg azt, csak ekkor lesz a hite élő, és így épül fel az alapja az Isten-adta spirituális hitnek. Ezért, ahogy a béna ember a gyógyulást a hit alapján kapta, nekünk is bölcseknek kell lennünk, és meg kell mutatnunk Neki a hitünk alapjait, magát a hitet, hogy mi is olyan életet élhessünk, amelyben Isten-adta spirituális hitünk lesz, és megtapasztalhatjuk az Ő csodáit.

4. A bűneidet megbocsájtják

A béna embernek, aki Isten elé járult a négy barátja segítségével, Jézus ezt mondta: „Fiam, a bűneid megbocsájttattak", és a bűn problémáját így megoldotta. Amikor a bűn fala vesz valakit körül, mely közte és Isten között van, nem kaphat válaszokat Istentől. Ezért Jézus a bűntől szabadította meg a béna embert, aki hittel tért Hozzá.

Ha igazán megvalljuk a hitünket Istenben, a Biblia megmondja nekünk, milyen attitűddel mehetünk Elé, és hogyan kell viselkednünk. Ha engedelmeskedünk az ilyen parancsoknak: „Tedd", „Ne tedd", „Tartsd meg", „Vesd el" és hasonlók, egy igaztalan személy igazzá fog válni, és egy hazug igaz és becsületes emberré. Amikor engedelmeskedünk az igazság szavának, megtisztulunk a bűneinktől az Úr vére által, és amikor megbocsájtást nyerünk, Isten védelme és válaszai megjönnek fentről.

Mivel minden betegség a bűnből ered, ha a bűn problémáját megoldottuk, az Isten munkájához szükséges körülmény is meg fog teremtődni. Ahogy egy izzó kigyúl, és ahogy egy gépezet működni kezd, amint az elektromos áram bemegy az anódba, és kijön a katódon, amikor Isten meglátja a szilárd alapot, amit a hitünk képez, Ő megbocsájt és hitet ajándékoz fentről, amivel csodát okoz ugyanakkor.

„*Állj fel, vedd fel az ágyad, és menj haza*" (Márk evangéliumának 2, 11). Mennyire szívet melengető ez a kijelentés! Amint megtapasztalta a béna ember és négy barátja hitét, Jézus megoldotta a bűn problémáját, mire a béna ember nyomban járni kezdett. Régi vágya volt, hogy ismét egésszé váljon, és ez most teljesült is. Ugyanígy, ha választ akarunk kapni nem csak a betegségre, hanem bármilyen más gondunkra, először meg kell kapnunk a megbocsájtást, és meg kell tisztítanunk a szívünket.

Amikor az embereknek kevés hitük volt, az orvosságra és orvostudományra támaszkodtak a betegségük megoldásában, de most, hogy a hitük megerősödött, Istent szeretik, és az Ő szavát követik, a betegségek nem támadják meg őket. Még ha betegek lennének is, ha visszatekintenének magukra, szívük mélyéről megbánnák a bűneiket, és elfordulnának a bűnös létüktől, azonnal meggyógyulnának. Tudom, hogy sokan közületek megtapasztaltátok már ezt.

Nemrég egy női plébános a templomomban mozgásképtelenné vált, mivel egy korong a térdében eltört. Visszatekintett az életére, megbánta bűneit, és az imámat is kérte. A gyógyulás azonnal megtörtént, és újra jól volt.

Amikor a lánya lázas volt, az anya rájött, hogy a saját dühe volt a gyereke lázas állapota mögött, és amikor megbánta azt, a gyerek újra jól érezte magát.

Annak érdekében, hogy a teljes emberiséget megmentse, amely Ádám engedetlenségének következményeként a saját tönkretételének az útján járt, Isten elküldte Jézus Krisztust erre a világra, megengedte, hogy megátkozzák Őt, és értünk egy fakeresztre feszítsék. Ez azért történt, mert a Biblia azt mondja: *„Vérontás nélkül nincsen bűnbocsánat"* (A zsidókhoz írt levél 9, 22), és *„Átkozott minden, aki fán függ"* (Pál levele a galatákhoz 3, 13).

Most, hogy tudjuk: a betegség problémája a bűnből ered, meg kell bánnunk a bűneinket, komolyan hinnünk kell Jézus Krisztusban, aki mindannyiunkat megmentett a betegség problémájától, és a hit által egészséges életet kell hogy éljünk. Számos testvérünk megtapasztalja a gyógyulást, megvallja Isten hatalmát, és tanúskodik az élő Isten létezéséről. Ez azt mutatja nekünk, hogy ha valaki elfogadja Jézus Krisztust és az Ő nevében kér, a betegség összes problémája megszűnik. Függetlenül attól, hogy milyen komoly valaki betegsége, ha a szívében hisz Jézusban, aki megpróbáltatásokon ment át és vérét ontották értünk, Isten csodálatos gyógyító munkája meg fog nyilvánulni.

5. A cselekedetek által tökéletesített hit

A béna emberhez hasonlóan, aki meggyógyult a négy barátja segítségével, miután megmutatták Jézusnak a szeretetüket, ha meg akarjuk kapni azt, amit a szívünk kíván, meg kell mutatnunk

Jézusnak a hitünket, melyet cselekedeteknek kell követniük, ezzel megalkotván a hitünk alapját. Annak érdekében, hogy az olvasók jobban megértsék a „hit" jelentését, egy rövid magyarázattal szolgálok.

A Krisztusban történt életünkben a „hit" két kategóriába tartozhat. „A hús hite" vagy a „tudás hite" arra a hitre vonatkozik, amellyel az ember hihet a fizikai bizonyítékok miatt, és az Ige megfelel ennek a tudásnak és gondolatoknak.

A „hús hitével" az ember elhiszi, hogy valami láthatót alkottak, valamiből, ami szintén látható. A „spirituális hittel" – melyre nem tehet szert az, aki a saját gondolatait és tudását veszi alapul kizárólag – az ember elhiszi, hogy létre lehet hozni valami láthatót valami teljesen láthatatlanból. Az utóbbi azt feltételezi, hogy az ember tudását és gondolatait megsemmisíti.

A születés pillanatától számítva rengeteg tudás halmozódik fel minden ember agyában. A látott és hallott dolgokat regisztráljuk. Az iskolában és otthon megtanult dolgokat szintén regisztráljuk. Azok a dolgok, amelyeket különböző körülmények között tanultunk, szintén regisztráljuk. Mivel nem minden igaz abból, amit megtanultunk, ha bármi ebből Isten szava ellen van, természetesen el kell dobnunk azt. Például az iskolában azt tanuljuk, hogy minden élőlény egy egysejtűből alakult többsejtű szervezetté, azonban a Bibliában azt tanuljuk, hogy az összes élőlény Isten alkotásának az eredménye. Mit kellene tennünk? Az evolúcióelmélet hibásságát már a tudomány is bemutatta, újra és újra. Hogyan lehetséges emberi aggyal felfogni azt, hogy egy majomból emberi lény fejlődik ki, vagy egy békából madár fejlődjön több millió év alatt? Még a logika is az alkotást preferálja.

Hasonlóképpen, amikor „a hús hite" átalakul „spirituális hitté", ahogy a kételyeidet eldobod, a hit szikláján fogsz állni egyre inkább. Ráadásul, ha megvallod a hited Istenben, az Igét, amit eddig tudásként elraktároztál, most gyakorlattá kell alakítanod. Ha azt vallod, hogy hiszel Istenben, fényként kell mutatkoznod azzal, hogy az Úr Napját megtartod szentnek, a szomszédaidat szereted, valamint az Igének engedelmeskedsz.

Ha a Márk evangéliumának béna embere otthon maradt volna, nem gyógyult volna meg. Azonban, mivel hitt abban, hogy meggyógyul, amint Jézushoz ér, és a hitét megmutatta úgy, hogy változatos módszereket használt, a béna ember meggyógyulhatott. Ha egy ember, aki házat szeretne építeni, így imádkozik: „Uram, hiszem, hogy a ház fel fog épülni", száz vagy ezer ima sem lesz elég önmagában, hogy a ház felépüljön saját magától. Az alapot elő kell készíteni, a földet ki kell ásni, a pilléreket fel kell állítani, és így tovább, egyszóval: „cselekedetekre" van szükség.

Ha te vagy a családod egyik tagja betegségtől szenved, hidd el, hogy Isten ki fogja nyilatkozni Magát, és megmutatja a gyógyulást akkor, amikor mindenkit egységesen lát a családból, egyesülve a szeretetben, mert ezt az egységet a hit alapjának fogja tekinteni. Néhányan azt mondják, hogy –mivel mindennek megvan az ideje – eljön a gyógyulás ideje is egyszer. Azonban, emlékezz arra, hogy az „idő" akkor van, amikor az ember megalkotja a hite alapjait Isten előtt.

Azt kívánom, hogy a betegségedre választ kapj, mint ahogy minden másra is, amit kérdezel, és Istent dicsőítsd, az Úr nevében imádkozom!

Ötödik fejezet

A betegségek gyógyításának hatalma

És előszólítván tizenkét tanítványát,
hatalmat ada nékik a tisztátalan lelkek felett,
hogy kűûzzék azokat, és gyógyítsanak minden betegséget
és minden erőtelenséget.

Máté evangéliuma 10, 1

1. A betegségek meggyógyításának hatalma

A hitetlenek számára számos módon be lehet bizonyítani Isten létezését, és ezek közül egyik a betegségek meggyógyulása. Amikor az emberek, akik végzetes, gyógyíthatatlan betegségektől szenvednek, amelyek ellen az orvostudomány nem tud tenni semmit, nem képesek továbbra Isten, az Alkotó hatalmát megtagadni, hanem elkezdenek hinni ebben a hatalomban, és Istent dicsőítik.

A vagyona, tekintélye, hírneve és tudása ellenére, sok ember manapság nem tud mit kezdeni a betegséggel, és a vele járó fájdalmak miatt szenvednek. Bár rengeteg olyan betegség van, ami nem gyógyítható meg az orvosi tudomány legfejlettebb módszereivel sem, amikor az emberek hisznek a Mindenható Istenben, bíznak Benne, és a betegség problémáját átadják Neki, az összes gyógyíthatatlan és végzetes betegség meggyógyulhat. A mi Istenünk Mindenható, semmi sem lehetetlen Neki, mert Ő képes valamit létrehozni a semmiből, egy száraz vesszőt rügybe bont (Mózes negyedik könyve 17, 8), valamint a holtakat feltámasztja (János evangéliuma 11, 17-44).

A mi Istenünk hatalma valóban meg tud gyógyítani bármely betegséget. Máté evangéliumának 4, 23 versében ezt találjuk: *„És bejárá Jézus az egész Galileát, tanítva azok zsinagógáiban, és hirdetve az Isten országának evangéliomát, és gyógyítva a nép között minden betegséget és minden erőtlenséget"*, és Máté evangéliumának 8, 17 versében pedig ezt olvassuk: *„Hogy beteljesedjék, a mit Ésaiás próféta mondott, így szólván: Ő vette*

el a mi erőtlenségünket, és ő hordozta a mi betegségünket."
Ezekben a versekben a „betegség" és „erőtlenség" jelenik meg.

Itt az „erőtlenség" nem egy olyan, relatív enyhe betegségre utal, mint a megfázás vagy a fáradtság. Hanem egy nem normális állapot, amelyben a test funkciói, testrészei és szervei lebénulnak, degenerálódnak, és mindez a személy vagy a szülei hibája miatt történik. Például azok, akik némák, süketek, vakok, sánták, gyerekkori paralízistől szenvednek (más nevén: polio), és így tovább – akiket az emberi tudás nem képes meggyógyítani – mindezeket „gyengeségnek", „erőtlenségnek" hívhatjuk. Ezekhez a kondíciókhoz, amelyeket egy baleset, vagy egy hiba okoz, amelyet az egyén vagy a szülei követtek el, adódnak hozzá azok az esetek, amikor például egy ember vakon születik meg (János 9, 1-3). Azért szenvednek ezek az emberek, hogy Isten dicsősége megnyilvánulhasson. Azonban ezek az esetek ritkák, és az emberek tudatlansága és hibái okozzák.

Amikor az emberek megbánják a bűneiket és elfogadják Jézus Krisztust, miközben igyekeznek hinni Istenben, Isten megajándékozza őket a Szentlélekkel. A Szentlélekkel együtt a jogot is megkapják arra, hogy Isten gyermekei legyenek. Amikor a Szentlélek velük van, kivéve a nagyon komoly eseteket, a legtöbb betegség meggyógyul. Egyedül az a tény, hogy a Szentlélek velük van, azt is jelenti, hogy annak a tüze megtisztítja őket a sebeiktől. Sőt, még ha valaki kritikus betegségtől is szenved, ha komolyan, hittel imádkozik, megszünteti a közte és Isten között létező falat, elfordul a bűntől, megbánja bűneit, meggyógyul a hitének megfelelően.

"A Szentlélek tüze" a tűzkeresztségre vonatkozik, ami a Szentlélek megkapása után történik meg, és Isten szemében ez az Ő hatalmával egyenlő. Amikor Keresztelő János spirituális szemei kinyíltak és látott, a Szentlélek tüzét így írta körül: "a tűz keresztsége." Máté evangéliumának 3, 11 versében Keresztelő János ezt mondta: *"Én ugyan vízzel keresztellek titeket megtérésre, de a ki utánam jő, erősebb nálamnál, a kinek saruját hordozni sem vagyok méltó; ő Szent Lélekkel és tűzzel keresztel majd titeket."* A tűz keresztsége nem akármikor érkezik, hanem csak akkor, amikor valaki tele van a Szentlélekkel. Mivel a Szentlélek tüze mindig arra száll alá, aki telített a Szentlélektől, az összes betegsége és bűne az ilyen embernek elég, és egészséges életet fog élni.

Amikor a tűz keresztsége elégeti a betegség átkát, a legtöbb betegség meggyógyul, azonban a gyengeségek még a tűzkeresztséggel sem égnek el. Akkor hogyan gyógyulnak meg ezek?

Az Isten-adta hatalommal lehetséges csak ez. Ezért találjuk János 9, 32-33-ban a következőt: *"Öröktől fogva nem hallaték, hogy vakon szülöttnek szemeit valaki megnyitotta volna. Ha ez nem Istentől volna, semmit sem cselekedhetnék."*

Az apostolok cselekedeteinek 3, 1-10 verseiben van egy jelenet, amelyben Péter és János, akik mindketten rendelkeztek Isten hatalmával, segítenek egy embernek, aki születésétől kezdve rokkant volt, és egy, "Gyönyörűnek" hívott templomkapu mellett koldult, és talpra állítják. Amikor Péter ezt mondta neki a

6. versben: *"Ezüstöm és aranyam nincsen nékem; hanem a mim van, azt adom néked: a názáreti Jézus Krisztus nevében, kelj fel és járj!"* és megfogták a rokkant jobb kezét, annak a kezei és lábai azonnal megerősödtek, és Istent dicsőítette. Amikor az emberek látták a rokkantat, amint jár és Istent dicsőíti, elteltek csodálattal és csodálkozással.

Ha valaki meg akar gyógyulni, bírnia kell a Jézus Krisztusba vetett hittel. Bár a rokkant csak egy koldus volt, a Jézus Krisztusba vetett hite miatt meg tudott gyógyulni, amikor azok imádkoztak érte, akik Isten hatalmával rendelkeztek. Ezért mondja ezt nekünk a Biblia: *"És az ő nevében való hit által erősítette meg az ő neve ezt, a kit láttok és ismertek; és a hit, mely ő általa van, adta néki ezt az épséget mindnyájan a ti szemetek láttára"* (Apostolok cselekedetei 3, 16).

Máté evangéliumának 10, 1 versében arról számolnak be, hogy Jézus hatalmat ad az apostolainak a gonosz szellemek ellen, hogy ki tudják azokat űzni, és minden betegséget meg tudjanak gyógyítani. Az Ótestamentum idején Isten megadta a gyógyítás hatalmát a szeretett prófétáinak, Mózesnek, Éliásnak és Elisának; az Újtestamentum idején Isten hatalma olyan apostolokkal volt, mint Péter és Pál, és az Ő hűséges munkásaival, Istvánnal és Fülöppel.

Ha valaki megkapja Isten hatalmát, semmi sem lesz lehetetlen a számára, mivel a rokkantat felállítja, a gyerekkori bénulásban szenvedőket meggyógyítja úgy, hogy azok járni fognak, a vakokat látóvá teszi, a süketek fülét felnyitja, és a süketnémák nyelvét feloldja.

2. A betegségek meggyógyításának különböző módjai

1) Isten hatalma meggyógyított egy süketnéma embert.

Márk evangéliumának 7, 31-37 verseiben van egy jelenet, amelyben Isten hatalma meggyógyít egy süketnéma embert. Amikor az emberek Jézus elé vitték a süketnémát, és arra kérték, hogy tegye a kezét rá, Jézus félre vitte az embert, és az ujjait a fülébe helyezte. Aztán köpött egyet, és megérintette az ember nyelvét. Felnézett a mennyországra, és mély sóhajjal ezt mondta neki: „Ephphatha!" (ami azt jelenti: „Gyógyulj meg!"). Az ember fülei azonnal kinyíltak, a nyelve meglazult, és azonnal egyszerűen beszélni kezdett.

Vajon nem tudta volna Isten, aki megteremtette a Szavával az univerzumot, meggyógyítani ezt az embert is az Ő Szavával? Mivel egy süket ember nem hallja a hangokat, és jelbeszéddel kommunikál csak, nem lett volna képes olyan hitre, mint mások, még akkor sem, ha Jézus hangosan beszélt volna. Mivel Jézus tudta, hogy az embernek nincs hite, az ujjait az ember fülébe helyezte, hogy megadja neki a hitet először. Ez a legfontosabb elem, mivel e nélkül nincsen gyógyulás. Jézus meggyógyíthatta volna az embert az Ő szavával, mivel az ember nem hallott, ezért először Jézus hitet adott az embernek, amellyel később meggyógyulhatott.

Miért köpött egyet Jézus, és miért érintette meg a süketnéma nyelvét? Azért köpött, mert egy gonosz szellem okozta az ember némaságát. Ha valaki ok nélkül az arcodba köpne, hogy fogadnád ezt? Ez egy bepiszkító cselekedet, teljesen erkölcstelen, amely figyelmen kívül hagyja az ember természetét. Mivel a köpés általában tiszteletlenséget jelent, Jézus is azért köpött, hogy a gonosz szellemet kiűzze.

A Genezisben azt látjuk, hogy Isten megátkozta a kígyót, hogy egész életében port egyen. Más szóval ez Isten átkára vonatkozik az ellenséges ördögre és a Sátánra, aki felbujtotta a kígyót, hogy az emberből, aki porból lett, áldozatot csináljon. Ezért Ádám óta az ellenséges ördög azt keresi, hogy az emberből áldozatot csináljon, és ezért minden lehetőséget megragad, hogy megkínozza és felfalja az embert. Ahogy a legyek, szúnyogok, férgek ellepik a piszkos helyeket, az ellenséges ördög is ellepi azon emberek szívét, amelyek tele vannak bűnökkel, gonoszsággal, dühhel, és az agyukat túszul ejti. Rá kell jönnünk, hogy csak azok, akik Isten Szava szerint élnek és cselekednek, gyógyulhatnak meg a betegségükből.

2) Isten hatalma meggyógyított egy vak embert.

Márk evangéliumának 8, 22-25 versében ezt találjuk:

> *Azután Bethsaidába méne; és egy vakot vivének hozzá és kérik vala őt, hogy illesse azt. Ő pedig megfogván a vaknak kezét, kivezeté őt a falun kívül; és a szemeibe köpvén és kezeit reá tévén, megkérdé őt, ha lát-é valamit? Az pedig föltekintvén, monda: Látom az embereket, mint valami járkáló fákat. Azután kezeit ismét ráveté annak szemeire, és feltekintete véle. És*

megépüle, és látá messze és világosan mindent.

Amikor Jézus imádkozott ezért az emberért, ráköpött az ember szemére. Akkor miért jött ez a vak ember csak Jézus második imája után Jézus elé? Az Ő ereje által Jézus teljesen meg tudta volna gyógyítani ezt az embert, azonban mivel az ember hite gyenge volt, Jézus másodszor is imádkozott érte, hogy erősödjön a hite. Ezzel Jézus arra tanít minket, hogy amikor néhány ember nem gyógyul meg az első imától, ezekért az emberekért kétszer, háromszor, sőt négyszer is imádkoznunk kell, egészen addig, amíg a hit egy magja megjelenik bennük, amivel elhihetik, hogy meggyógyulhatnak.

Jézusnak semmi nem volt lehetetlen, újra imádkozott, mivel tudta, hogy a vak ember nem gyógyulhat meg a saját hite által. Mit kell nekünk tennünk? Több könyörgéssel és imával addig kell tűrnünk, amíg bekövetkezik a gyógyulásunk.

János evangéliumának 9, 6-9 versében van egy vak ember, aki vakon született, és meggyógyult, miután Jézus a földre köpött, sarat képzett a nyálával, és a sarat az ember szemére tette. Miért gyógyult meg az ember, miután Jézus köpött, sarat formált, majd azt az ember szemére tette? A nyál itt nem valami tisztátalan dolgot jelent: Jézus azért köpött, hogy a porból sarat tudjon alakítani, hogy azt azután a vak ember szemére tehesse. Azért is, mert kevés víz volt arrafelé. Ha egy gyereknek kiütése, sebe vagy duzzadása lesz, a szülők gyakran szeretettel nyálat raknak arra. A mi Urunk szeretetét fel kell hogy fogjuk, aki a gyengéket különféle módszerekkel segítette abban, hogy hitet nyerjenek.

Ahogy Jézus sarat rakott a vak ember szemére, az ember érezte azt a szemén, és olyan hite lett, amely által meggyógyult. Miután így hitet adott a vaknak, mivel nem volt neki, az Ő hatalmával kinyitotta a vak szemeit.

Jézus azt mondja nekünk, hogy: „*Hacsak jeleket és csodákat nem láttok, nem hisztek*" (János evangéliuma 4, 48). Manapság lehetetlen segíteni az embereknek, hogy olyan hitük legyen, amellyel kizárólag a Biblia szavában hisznek, anélkül, hogy megtapasztalták volna a gyógyulásokat és csodákat. Egy olyan korban, amikor a tudomány és az emberi tudás rengeteget fejlődött, rendkívül nehéz a spirituális hit megtartása, mellyel egy láthatatlan Istenben hiszünk. „Hiszem, ha látom," sokszor hallottuk már. Hasonlóképpen, mivel az emberek hite erősödik és a gyógyulás annál gyorsabb lesz, minél több kézzelfogható csodát megtapasztalnak az élő Isten segítségével, ezek a „csodával határos jelek és csodák" teljesen szükségesek.

3) Isten hatalma meggyógyított egy fogyatékost.

Ahogy Jézus terjesztette az evangéliumot, és meggyógyított sok embert, akik különböző betegségektől szenvedtek, az Ő tanítványai is kinyilvánították Isten hatalmát.

Amikor Péter egy fogyatékos koldusnak ezt kiáltotta: „*A názáreti Jézus Krisztus nevében, járj!*" (6. vers) és megfogta a jobb kezét, az ember lábai azonnal megerősödtek, a lábára ugrott, és elkezdett járni (Az apostolok cselekedetei 3, 6-10). Ahogy az emberek látták a csodálatos jeleket és csodákat, amelyeket Péter művelt, miután Isten hatalmát megkapta, sokkal több emberből vált hívő ember. Odáig is elmentek, hogy a betegeket kihozták az utcára, ágyakkal és szőnyegeken, hogy Péter árnyéka rájuk essen, ahogy elhaladt. A Jeruzsálem körüli városokból tömegek gyűltek össze, elhozva a betegeket és azokat, akiket démonok kínoztak, és ezek mind meggyógyultak (Az apostolok cselekedetei 5, 14-16).

Az apostolok cselekedetei 8, 5-8 versekben ezt találjuk: *„És Filep lemenvén Samária városába, prédikálja vala nékik a Krisztust. Sokaság pedig egy szívvel-lélekkel figyelmeze azokra, a miket Filep mondott, hullván és látván a jeleket, melyeket cselekedék. Mert sokakból, kikben tisztátalan lelkek voltak, nagy hangon kiáltva kimenének; sok gutaütött és sánta pedig meggyógyula. És lőn nagy öröm abban a városban"* (Az apostolok cselekedetei 8, 5-8).

Az apostolok cselekedeteinek 14, 8-12 verseiben olvashatunk egy sánta emberről, aki születése óta béna volt, és sosem járt. Miután meghallgatta Pál üzenetét és hite lett, amellyel üdvösséget kaphatott, amikor Pál ezt mondta: *„Állj lábra!"* (10. vers), az ember felszökött, és járni kezdett. Akik látták ezt, így nyilatkoztak: *„Az istenek lejöttek közénk emberi formában!"* (11. vers)

Az apostolok cselekedetei 19, 11-12-ben azt látjuk, hogy *„És nem közönséges csodákat cselekszik vala az Isten Pál keze által: Annyira, hogy a betegekhez is elvivék az ő testéről a keszkenőket, vagy kötényeket, és eltávozának azoktól a betegségek, és a gonosz lelkek kimenének belőlök. És nem közönséges csodákat cselekszik vala az Isten Pál keze által: Annyira, hogy a betegekhez is elvivék az ő testéről* *a keszkenőket, vagy kötényeket, és eltávozónak azoktól a betegségek, és a gonosz lelkek kimenének."* Mennyire nagyszerű, csodálatos Isten hatalma!

Isten hatalma ma is megnyilvánul azon emberek által, akik elérték a lelki üdvösséget, és a teljes szeretetet, mint Péter, Pál, István és Fülöp diakónusok. Amikor az emberek Isten elé jönnek hittel, azt kívánva, hogy a betegségeik meggyógyuljanak, úgy is meggyógyulhatnak, hogy Isten szolgálóitól imában részesülnek, akik által Ő megnyilvánul.

A Manmin magalakítása óta az élő Isten megengedte nekem, hogy csodálatos jeleket és csodákat valósítsak meg, a tagok szívébe hitet varázsoltam, és nagy újjászületést tapasztaltunk meg.

Volt egyszer egy nő, aki az alkoholista férje kicsapongásait el kellett hogy viselje. Miután a szemidege megbénult, és az orvosok már feladták a harcot a sok fizikai visszaélés után, a nő eljött a Manminba, mivel hallott korábban rólunk. Mivel szorgalmasan járt az istentiszteletekre és imádkozott a gyógyulásáért, eljött, hogy imádkozzak érte, és miután megtettem, meggyógyult. Isten hatalma teljesen meggyógyította a szemideget, mely egy időben úgy tűnt, teljesen elhalt.

Egy másik alkalommal egy ember súlyos balesetet szenvedett, amelyben a hátgerince nyolc helyen eltört. Mivel az alteste lebénult, azzal kellett szembenéznie, hogy mind a két lábát amputálni fogják. Miután elfogadta Jézus Krisztust, elkerülte az amputációt, de még mindig bottal járt. Elkezdett járni a Manmin ima összejövetelekre, és egy kis idő múlva, egy péntek éjjeli istentiszteleten, miután meghallgatta az imámat, eldobta a botját, járni kezdett a két lábán, és azóta az evangélium követője és terjesztője lett.

Isten hatalma képes meggyógyítani olyan betegségeket, amelyeket az orvostudomány nem. János evangéliumának 16, 23 versében Jézus ezt ígérte nekünk: *„És azon a napon nem kérdeztek majd engem semmiről. Bizony, bizony mondom néktek, hogy a mit csak kérni fogtok az Atyától az én nevemben, megadja néktek."* Azt kívánom: higgy Isten csodálatos hatalmában, komolyan keresd azt, a betegséged minden problémájára találj választ, és válj hírnökké: a Jó Hír hírnökévé, az élő és Mindenható Istené, az Urunk nevében imádkozom!

Hatodik fejezet

A démonok által megszállottak gyógyításának módjai

Mikor pedig bement vala a házba,
tanítványai megkérdezék őt külön:
„Mi miért nem űzhettük ki azt?" Ő pedig monda nékik:
„Ez a faj semmivel sem űzhető ki,
csupán könyörgéssel és böjtöléssel."

Márk evangéliuma 9, 28-29

1. Az utolsó napokban a szeretet kihűl

A modern tudományos civilizáció és ipari fejlődés olyan anyagi jólétet eredményezett, amely az emberek számára lehetővé tette a nagyobb kényelmet és jólétet. Ugyanakkor ez a két dolog elidegenedéshez vezetett, túlságos önzéshez, áruláshoz, és egy bizonyos kisebbrendűségi érzéshez az emberek között, ugyanakkor a szeretet egyre kisebb, és a megértést és megbocsájtást egyre nehezebb megtalálni az emberekben.

Ahogy Máté evangéliumának 24, 12 verse megjósolta: *„És mivelhogy a gonoszság megsokasodik, a szeretet sokakban meghidegül"* egy olyan időben, amikor a gonoszság virágzik és a szeretet kihűl, a mai társadalmunk egyik legnagyobb problémája, hogy az emberek olyan mentális rendellenességektől szenvednek, mint az idegösszeroppanás és a skizofrénia.

A mentális intézmények sok olyan beteget különítenek el, akik képtelenek a normális életvitelre, de ezek az intézmények még nem találták meg a gyógymódot. Ha hosszú évek múltán nincs gyógyulás, a családok elfáradnak, és sok esetben otthagyják a betegeket, mint az árvákat. Ezek a betegek, akik távol és szülők nélkül élnek, nem képesek úgy élni, mint a normális emberek. Bár igaz szeretetet igényelnek a szeretteiktől, nem sok ember van, aki ezeknek a betegeknek kimutatja a szeretetét.

A Bibliában sok példát találunk arra, amikor Jézus meggyógyított démonok által megszállott embereket. Miért írták le ezeket a Bibliában? Ahogy az idő vége közeledik, a szeretet kihűl, és a Sátán megkínozza az embereket, mentális betegségeket okoz nekik, és a sátán gyermekeiként örökbe veszi őket. A Sátán megkínozza, megbetegíti, összezavarja őket, és foltot ejt rajtuk a bűnnel, valamint az agyukat gonosszá varázsolja. Mivel a társadalom a gonosztól és bűntől átitatott, az emberek hamar irigykednek, veszekednek, gyűlölködnek, és hamar megölik egymást. Ahogy az idő vége közeledik, a keresztényeknek képesnek kell lenni megkülönböztetni az igazságot a hazugságtól, meg kell őrizniük a hitüket, és fizikailag és mentálisan egészséges életet kell élniük.

Nézzük meg a Sátán felbujtása és kínzása mögötti okokat, valamint annak az okát, hogy egyre több embert megszáll a Sátán, mentális rendellenességektől szenvednek, abban a modern társadalomban, amelyben a tudományos civilizáció nagyot fejlődött.

2. A Sátán általi megszállás folyamata

Mindenkinek van lelkiismerete, és a legtöbb ember a lelkiismerete szerint él, de minden embernek a lelkiismereti színvonala más, ennek megfelelően az ebből származó eredmények is. Ez azért van, mert minden ember különböző körülmények között született és nevelkedett, más dolgokat hallott, látott és tanult meg a szüleitől és az iskolában, és mindenki más dolgokat jegyzett meg magának.

Egyrészt Isten Szava, ami az igazság maga, ezt mondja nekünk: *„Ne győzettessél meg a gonosztól, hanem a gonoszt jóval győzd* *meg"* (A rómaiakhoz írt levél 12, 21), és erre biztat bennünket: *"Én pedig azt mondom néktek: Ne álljatok ellene a gonosznak, hanem a ki arczul üt téged jobb felől, fordítsd felé a másik orczádat is"* (Máté evangéliuma 5, 39). Mivel a Biblia szeretetet és megbocsájtást tanít, a „veszítés a győzelem" hite megszületik azokban, akik hisznek ebben. Másrészt, ha valaki megtanulta, hogy vissza kell ütnie, ha megütötték, arra a következtetésre fog jutni, hogy az ellenállás bátor cselekedet, míg az ellenállás nélküli elkerülés gyávaság. Három tényező: minden egyénnek az ítélkezési szintje, az, hogy igazságos életet élt vagy nem, és milyen mértékben kötött kompromisszumot a világgal, ezek a dolgok más és más lelkiismeretet fognak létrehozni minden egyénben.

Mivel az emberek különböző képpen élték az életüket és a lelkiismeretük is más és más, Isten ellenséges Sátánja felhasználja ezt arra, hogy az embereket megkísértse annak érdekében, hogy bűnös életet éljenek, a helyes és jó életmód ellenére, azzal, hogy gonosz gondolatokat ébreszt bennük, és a bűnre sarkallja őket.

Az emberek szívében ellentét él a Szentlélek kívánása – amellyel amely által Isten Szava szerint élhetnek – és a bűnös természet között, amely által az embereket arra készteti, hogy a húsbeli kívánságaikat kövessék. Ezért Isten erre biztat minket Pál galataiakhoz írt levelének 5, 16-17 verseiben: *„Mondom pedig, Lélek szerint járjatok, és a testnek kívánságát véghez ne vigyétek. Mert a test a lélek ellen törekedik, a lélek pedig a test ellen; ezek pedig egymással ellenkeznek, hogy ne azokat cselekedjétek, a miket akartok."*

Ha a Szentlélek kívánalmai szerint élünk, Isten királyságát

örököljük, ha a bűnös természet kívánságait követjük, és nem Isten Szavának megfelelően élünk, nem fogjuk örökölni az Ő királyságát. Ezért Isten így figyelmeztetett bennünket Pál levele a galatákhoz 5, 19-21 verseiben:

> *A testnek cselekedetei pedig nyilvánvalók, melyek [ezek]: házasságtörés, paráznaság, tisztátalanság, bujálkodás. Bálványimádás, varázslás, ellenségeskedések, versengések, gyűlölködések, harag, patvarkodások, viszszavonások, pártütések, Irígységek, gyilkosságok, részegségek, dobzódások és ezekhez hasonlók: melyekről előre mondom néktek, a miképen már ezelőtt is mondottam, hogy a kik ilyeneket cselekesznek, Isten országának örökösei nem lesznek.*

Hogyan szállja meg a démon az embereket?

Az ember gondolatai által a Sátán felkavarja az egyén bűnös gondolatait, akinek a szíve tisztátalan. Ha nem képes az elméjét kontrollálni, és bűnös cselekedeteket követ el, beáll nála a bűnösség érzése, és a szíve még gonoszabb lesz. Amikor a bűnös természet ilyen cselekedetei összeadódnak, a végén a személy nem lesz képes kontrollálni magát, és bármit megtesz, amire a Sátán ráveszi őt. Erre az egyénre mondjuk azt, hogy „megszállta" a Sátán.

Például tegyük fel, hogy létezik egy lusta ember, aki nem szeret dolgozni, hanem iszik, és az időt lopja. Az ilyen embert a Sátán felbujtja, az elméjét ellenőrizni fogja, aminek eredményeképpen továbbra is inni fog, az idejét vesztegetni, mert azt érzi, hogy a munka terhes. A Sátán elvezeti őt a jóságtól, ami az igazság, megfosztja az energiától, amellyel az életét fejleszthetné, és egy inkompetens és haszontalan emberré alakítja.

Mivel a Sátán gondolatainak megfelelően él és viselkedik, képtelen megszabadulni attól. Sőt, mivel a szíve gonoszabb lesz, és megadta magát a gonosz gondolatoknak, ahelyett, hogy kontrollálná magát, bármit meg fog tenni, ami a kedvére való. Ha dühös akar lenni, dühös lesz, és elégedett ezzel, ha veszekedni vagy verekedni akar, olyan sokat veszekszik és verekszik, amennyit csak akar, és ha inni akar, képtelen lesz megállítani magát az ivástól. Amikor ez összegyűl, egy ponttól kezdve nem lesz képes a gondolatait és a szívét kontrollálni, és azt látja majd, hogy minden az akarata ellen van. Ez után a folyamat után teljesen megszállja a démon.

3. A démonok általi megszállás oka

Két oka van annak, ha valakit a Sátán felbujt, és később a Sátán megszáll.

1) Szülők.

Ha a szülők elhagyták Istent, olyan bálványokat imádtak, amelyeket Isten utál és megvetendőnek tart, vagy valami rendkívül gonoszat tettek, akkor a gonosz szellemek erői átitatják a gyermekeiket, és ha nem ellenőrzik őket, démonok által megszállottak lesznek. Ilyen esetben a szülőknek Isten elé kell jönniük, alaposan meg kell bánniuk a bűneiket, el kell fordulniuk a bűneiktől, és a gyerekeik nevében meg kell kérlelniük Istent. Isten megvizsgálja a szülők szívét, és gyógyulást küld nekik, ezzel az igazságtalanság láncait meglazítja.

2) Saját maga.

A szülők bűneitől függetlenül, valakit a saját igaztalanságai – beleértve a gonoszságot, büszkeséget, és másokat – miatt is megszállhatnak a démonok. Mivel az egyén nem tud egyedül imádkozni és bűnbánatot tartani, amikor Isten egy szolgájától imában részesül, aki megmutatja az Ő hatalmát, az igazságtalanság lánca meglazulhat. Amikor a démonok elhagyják, és ő magához tér, meg kell tanulnia Isten Igéjét, hogy a szíve, ami egyszer bűnben és gonoszságban úszott, megtisztuljon, és az igazság szíve váljon belőle.

Ezért, ha egy családban valamelyik családtagot démonok szállnak meg, a családnak ki kell jelölnie egy tagot, aki imádkozni fog érte. Mindezt azért, mert a démonok által megszállott személy szíve és agya nem az ő sajátja, hiszen mások kontrollálják, és ezért nem képes semmit sem a saját akaratának megfelelően végezni. Nem tud imádkozni és az Igazság szavára figyelni sem, aminek következtében nem tud az igazságnak megfelelően élni. Ezért a teljes családjának, vagy a családja egy tagjának imádkoznia kell érte, szeretettel és együttérzéssel, hogy a démonok által megszállt ember hitben élhessen. Amikor

Isten látja a szeretetet és odaadást ebben a családban, megadja a gyógyulást nekik. Jézus azt mondta nekünk: úgy szeressük a szomszédunkat, mint saját magunkat (Lukács evangéliuma 10, 27). Ha nem vagyunk képesek egy családtagért imádkozni, és áldozatot hozni érte, akit a démonok rabságban tartanak, hogy mondható el rólunk, hogy szeretjük a szomszédunkat?

Amikor a démonok által megszállott ember családtagjai vagy barátai megállapítják az okot, megbánják bűneiket, és imádkoznak, hitet téve Isten hatalmáról, a démonok ereje elszáll, és a szeretett családtagjuk az igazság emberévé válik, akit Isten meg fog védeni, a démonoktól is.

4. Hogyan gyógyíthatók meg a démonoktól megszállott emberek?

A Biblia számos részében találunk beszámolókat arról, hogy valaki vagy valakik meggyógyulnak a démonok általi megszállottságukból. Nézzük meg, hogyan gyógyulnak meg.

1) Vissza kell verned a démonok erejét.

Márk evangéliumának 5, 1-20 verseiben találunk egy embert, akit megszálltak a tisztátalan szellemek. A 3-4 versek ezt tartalmazzák az emberrel kapcsolatban: *„A kinek lakása a sírboltokban vala; és már lánczokkal sem bírta őt senki sem lekötni. Mert sokszor megkötözték őt békókkal és lánczokkal, de ő a lánczokat szétszaggatta, és a békókat* *összetörte, és senki sem tudta őt megfékezni."* Szintén Márk evangéliumának 5, 5-7 verseiből tudjuk meg: *„És éjjel és nappal mindig a hegyeken és a sírboltokban volt, kiáltozva és magát kövekkel vagdosva. Mikor pedig Jézust távolról meglátta, oda futamodék, és elébe borula, És fennhangon kiáltva monda: 'Mi közöm nékem te veled, Jézus, a magasságos Istennek Fia? Az Istenre kényszerítelek, ne kínozz engem!'"*

Ez arra volt válasz, amit Jézus parancsolt: „Gyere ki ebből az emberből, tisztátalan szellem!" Ez a jelenet azt sugallja, hogy bár az emberek nem tudták, hogy Jézus az Isten Fia volt, a tisztátalan szellem tudatában volt annak: ki Ő, és milyen hatalma volt.

Jézus aztán ezt kérdezte: *„Mi a neved?"*, és a démonmegszállott ember ezt válaszolta: *„A nevem Légió, mivel sokan vagyunk"* (9. vers). Számtalanszor könyörgött Jézusnak, hogy ne küldje ki őket a környékről, aztán azért rimánkodott, hogy küldje őket disznókba. Jézus nem azért kérdezte a nevét, mert nem tudta azt, hanem azért, mert mint bíró, ki akarta kérdezni a tisztátalan szellemet. Sőt, a „Légió" azt jelenti, hogy az embert nagyszámú démon tartotta fogságában.

Jézus megengedte a „Légiónak", hogy bemenjen egy disznóhadba, amely aztán beszaladt egy meredek parton a tóba, és ott megfulladtak. Amikor démonokat űzünk ki, az Igazság Szavával kell tennünk, amit a víz jelképez. Amikor az emberek látták ezt a beteget, aki emberi hatalommal nem volt feltartóztatható, hogy teljesen meggyógyult, és teljesen józanul volt képes ítélkezni, megijedtek.

Hogyan kell manapság kiűzni a démonokat? Jézus Krisztus nevében kell tennünk, és a vízre kell űznünk őket, ami az Igét jelképezi, vagy a tűzre, ami a Szentlélek jelképe, hogy a hatalmukat elveszítsék. Mivel azonban a démonok szellemi lények, akkor űzetnek ki, ha egy olyan ember imádkozik, akinek megvan a hatalma a démonok kiűzéséhez. Ha egy olyan ember próbálja meg kihajtani őket, akinek nincs meg a megfelelő hite, a szellemek csak csökkennek a méretükben, vagy lehurrogják őt. Ezért annak érdekében, hogy meggyógyítsunk egy démonok által megszállott embert, egy olyan embernek kell imádkoznia, akinek megvan a hatalma a démonok kiűzéséhez.

Azonban néha akkor sem távoznak az ördögök, ha Isten embereinek egyike űzi ki őket Jézus Krisztus nevében. Ez azért van, mert az illető meggyalázta a Szentlelket azzal, hogy Ellene beszélt (Máté evangéliuma 12, 31, Lukács evangéliuma 12, 10). A gyógyulás nem adatik meg néhány démonok által megszállt embernek, ha szándékosan folytatják a bűnözést, miután megkapták az igazság tudományát (A zsidókhoz írt levél 10, 26).

Továbbá: A zsidókhoz írt levél 6, 4-6 verseiben ezt találjuk: *"Mert lehetetlen dolog, hogy a kik egyszer megvilágosíttattak, megízlelvén a mennyei ajándékot, és részeseivé lettek a Szent Léleknek, És megízlelték az Istennek jó beszédét és a jövendő világnak erőit, És elestek, ismét megújuljanak a megtérésre, mint a kik önmagoknak feszítik meg az Istennek ama Fiát, és meggyalázzák őt."*

Most, hogy ezt megtudtuk, úgy kell irányítanunk magunkat, hogy soha ne kövessünk el olyan bűnöket, amelyekért nincsen bocsánat. Az igazságnak megfelelően meg kell tudnunk különböztetni azt, hogy valaki, akit megszálltak a démonok, meggyógyítható vagy nem az ima által.

2) Fegyverkezz fel az igazsággal.

Amint a démonok kimennek belőlük, az embereknek meg kell tölteniük a szívüket élettel és az igazsággal úgy, hogy szorgalmasan olvassák az Igazság Szavát, imádkoznak, és dicsőítenek. A démonok távozása után, ha az emberek továbbra is a bűnben élnek, anélkül, hogy az igazsággal felfegyverkeznének, a kiűzött démonok vissza fognak térni, ezennel olyan, más démonokkal, amelyek sokkal gonoszabbak. Emlékezz: az emberek állapota másodszor sokkal rosszabb lesz, mint amikor először a démonok megszállták őket.

Máté evangéliumának 12, 43-45 verseiben Jézus ezt mondja nekünk:

> Mikor pedig a tisztátalan lélek kimegy az emberből, víz nélkül való helyeken jár, nyugalmat keresve, és nem talál: Akkor ezt mondja: Visszatérek az én házamba, a honnét kijöttem. És oda menvén, üresen, kisöpörve és fölékesítve találja azt. Akkor elmegy és vesz maga mellé más hét lelket, gonoszabbakat ő magánál, és bemenvén, ott lakoznak; és ennek az embernek utolsó állapotja gonoszabb lesz az elsőnél. Így lesz ezzel a gonosz nemzetséggel is.

A démonokat nem lehet gondtalanul kiűzni. Továbbá miután kiűzték őket, az érintett ember családja és barátai tudatában kell hogy legyenek egy fontos dolognak: most a hozzátartozójuk nagyobb odafigyelést és szeretetet igényel, mint bármikor máskor. Odaadással és önfeláldozással kell ápolniuk, és fel kell vérteznük őt az igazsággal, amíg a teljes igazságot el nem éri.

5. Minden lehetséges annak, aki hisz

Márk evangéliumának 9, 17-27 verseiben van egy beszámoló Jézus gyógyításáról, amikor egy olyan embert gyógyít meg, akit a démon megfosztott a beszédétől, továbbá epilepsziától szenvedett, miután megtapasztalta az apja hitét. Nézzük meg, hogyan gyógyult meg a fiú.

1) A családnak ki kell mutatnia a szeretetét.

Márk evangéliumának 9. versében egy fiúgyermek születése óta süketnéma volt, mivel a démonok megszállták. Egy szót sem értett, és a kommunikáció teljesen lehetetlen volt a számára. Nehéz volt előre látni, hol, és hogyan jelentkeznek újra az epilepszia rohamai nála. Ezért az apja állandóan félelemben és gyötrelemben élt, és minden reményét elvesztette az életében.

Egyszer az apa meghallotta egy galileai ember hírét, aki csodákat művelt: a holtakat feltámasztotta, és számos betegséget meggyógyított. Egy reménysugár kezdett áthatolni az ember kétségbeesésén. Ha a hírek igazak, ez az ember Galileából meg tudja gyógyítani a fiamat is – gondolta az apa. A jószerencse keresésében az apa Jézus elé vitte a fiát, és ezt mondta Neki: *„És gyakorta veté őt tűzbe is, vízbe is, hogy elveszítse őt; de ha valamit tehetsz, légy segítségül nékünk, könyörülvén rajtunk!"* (Márk evangéliuma 9, 22)

Amikor meghallotta az apa komoly kérését, Jézus ezt mondta: *„Ha tehetsz? Bármi lehetséges annak, aki hisz!"* (23. vers), és megfeddte az apát a kishitűsége miatt. Az apa meghallotta a hírt, de nem hitte el a szívében. Ha az apa tudta volna, hogy Jézus mint Isten Fia mindenható volt, és Ő volt az igazság Maga, nem mondta volna ezt: „ha." Annak érdekében, hogy megtanítson minket arra, hogy lehetetlen Isten kedvére tenni hit nélkül, és nem lehet válaszokat kapni teljes hit nélkül, Jézus ezt mondta: „Ha tudsz?", amikor megfeddte az apát a „kevés hite" miatt.

A hitet általában két típusba lehet sorolni. Az „érzéki" vagy „tudásbeli hit" segítségével csak azt lehet elhinni, amit látunk. Az a hit, amellyel látás nélkül is hiszünk, az a „spirituális hit", „igaz hit", „élő hit", vagy „hit, amelyet cselekedetek követnek." Ez a fajta hit képes valamit teremteni a semmiből. A „hit" definíciója a Biblia szerint a következő: *„A hit pedig a reménylett dolgoknak valósága, és a nem látott dolgokról való meggyőződés"* (A zsidókhoz írt levél 11, 1).

Amikor az emberek ember által gyógyítható betegségtől szenvednek, meggyógyulhatnak, mert a Szentlélek tüze elégeti a betegségüket, ha megmutatják a hitüket, és engedik, hogy a Szentlélek eltöltse őket. Ha egy kezdő hívő lesz beteg, meggyógyulhat, ha kinyitja a szívét, meghallja az Igét, és megmutatja a hitét. Ha egy érett keresztény ember lesz beteg, meggyógyulhat, amennyiben a bűnbánat által megváltoztatja az életét.

Ha valaki olyan betegségtől szenved, amelyet az orvostudomány nem tud meggyógyítani, nagyobb hitről kell tanúbizonyságot tennie. Ha egy érett keresztény lesz beteg, meggyógyulhat, ha kinyitja a szívét, és komolyan imádkozik. Ha egy hitetlen, vagy kishitű ember lesz beteg, csak akkor gyógyul meg, ha hitet kap, és annak megfelelően, hogy hogyan növekedik a hite, meg fog gyógyulni.

Azok, akik fizikailag korlátozottak, akiknek a teste eldeformálódott, vagy örökletes betegségektől szenvednek, kizárólag Isten csodája által gyógyíthatók meg. Istennek elkötelezettséget kell mutatniuk, és hitet, amellyel meggyógyulhatnak, a kedvére tehetnek. Csak ekkor fogja Isten elismerni a hitüket, és megadni a számukra a gyógyulást. Amikor az emberek megmutatják a buzgó hitüket úgy, ahogy Bartimaeus is komolyan megszólította Jézust (Márk evangéliuma 10, 46-52), ahogy egy centúrió megmutatta Jézusnak az erős hitét (Máté evangéliuma 8, 5-13), és ahogy a béna ember és a négy barátja megmutatták a hitüket (Márk evangéliuma 2, 3-12), Isten megadja számukra a gyógyulást.

Hasonlóan, mivel a démonok által megszállott emberek nem gyógyulhatnak meg Isten munkája nélkül, és nem képesek megmutatni a hitüket, annak érdekében, hogy a mennyországból gyógyulást kapjanak, a családtagjaiknak hinniük kell a Mindenható Istenben, és Elé kell járulniuk.

2) Az embereknek bírniuk kell a hittel, amely által meggyógyulhatnak.

Egy ember, akinek a fia régóta démonok fogságában élt, Jézustól szidást kapott a kishitűsége miatt. Amikor Jézus ezt mondta neki: „Bármi lehetséges annak, aki hisz" (Márk evangéliuma 9, 23), az apa így vallott: „Hiszek." Azonban ez a hit a tudásra korlátozódott. Ezért az apa így könyörgött Jézusnak: „*Légy segítségül az én hitetlenségemnek!*" (Márk evangéliuma 9, 24). Amikor meghallotta az apa könyörgését, akinek ismerte az őszinte szívét, komoly hitét és imáját, Jézus megadta neki azt a hitet, amivel boldogulhatott.

Ugyanígy, ha megszólítjuk Istent, megkaphatjuk a hitet, amellyel megfelelőek leszünk arra, hogy válaszokat kapjunk a kérdéseinkre, és a „lehetetlen" „lehetségessé" válik majd.

Amint az apának megvolt a hite, amellyel képes volt hinni, amikor Jézus ezt parancsolta tőle: „*Jézus pedig mikor látta vala, hogy a sokaság még inkább összetódul, megdorgálá a tisztátalan lelket, mondván néki: Te néma és siket lélek, én parancsolom néked, menj ki belőle, és többé belé ne menj! És kiáltás és erős szaggatás között kiméne; az pedig olyan lőn, mint egy halott, annyira, hogy sokan azt mondják vala, hogy meghalt. Jézus pedig megfogván kezét, fölemelé; és az fölkele,*" a gonosz szellem egy sikollyal kiment a fiából (Márk evangéliuma 9, 25-27). Amint az apa a hitért könyörgött, amellyel hinni tudna, és Isten közbelépését kérte – még az után is, hogy Jézus megfeddte őt – Jézus egy rendkívüli gyógyító munkát mutatott.

Jézus válaszolt egy apának, és teljesen meggyógyította a fiát, akit megszálltak a gonosz szellemek, megfosztva őt a beszédtől, és epilepsziát okozva neki, amitől gyakran elesett, hab jött ki a száján, csikorgatta a fogait, és megmerevedett. Azok számára, akik hisznek Isten hatalmában, ami által minden lehetséges, és az Ő szavának megfelelően élnek, nem engedi meg Ő, hogy minden jól sikerüljön, és vajon nem adja meg, hogy egészséges életet éljenek?

A Manmin megalakítása után nem sokkal egy fiatalember a Gang-won provinciából megkeresett, miután meghallotta a templomunk hírét. A fiatalember azt hitte, hogy hűségesen szolgálta Istent, mint egy vasárnapi tanár és kórustag. Azonban, mivel rendkívül büszke volt, és a gonoszságot nem űzte ki a szívéből, hanem felhalmozta a bűnöket, a fiatalembernek szenvednie kellett, mivel egy démon beköltözött a szívébe, és ott tartózkodott. A gyógyulás folyamata a komoly ima és az apja elkötelezettsége miatt következett be. Miután meghatároztam a démon természetét és imával kivezettem, a fiatalember szája habzott, a hátára feküdt, és szörnyű szagot bocsájtott ki magából. Ez után az incidens után a fiatalember élete megújult, miután felfegyverkezett az igazsággal a Manmin templomban. Ma hűségesen szolgálja a templomát Gang-wonban, és hálát ad Istennek azzal, hogy megosztja a tanúbizonyságát, mellyel számos ember gyógyulásához hozzájárul.

Kívánom: értsd meg, hogy Isten munkájának célja határtalan, és bármi lehetséges általa, hogy amikor az imáddal keresel, akkor nemcsak Isten áldott gyermekévé válsz, hanem az Ő áldott szentjévé is, akinek minden dolga jól megy, mindig, az Úr nevében imádkozom ezért!

Hetedik fejezet

Naámán, a leprás hite és engedelmessége

És elméne Naámán lovaival és szekereivel,
és megálla az Elizeus házának ajtaja előtt.
És külde Elizeus követet ő hozzá, mondván:
Menj el és fürödj meg hétszer a Jordánban,
és megújul a te tested,
és megtisztulsz Beméne azért a Jordánba,
és belemeríté magát abba hétszer
az Isten emberének beszéde szerint,
és megújult az ő teste,
mint egy kis gyermek teste,
és megtisztult.

———⁂———

A királyok második könyve 5, 9-10; 14

1. Naámán hadvezér, a leprás

Az életünk során kisebb és nagyobb problémákkal találkozunk. Néha olyan gondjaink vannak, amelyek túllépnek az emberi képességeinken.

Egy Arám nevű országban, Izraeltől északra volt egy hadvezér, akit Naámánnak hívtak. Arám hadseregét győzelemre vitte az ország legkritikusabb időszakában. Naámán szerette az országát, és hűségesen szolgálta azt, meg a királyt. Bár a király nagyon becsülte Naámánt, a hadvezért nagyon bántotta egy titok, amiről senki sem tudott.

Miért szenvedett ő? Nem attól, hogy a gazdagságot vagy a hírességet hiányolta volna. Naámán szerencsétlennek érezte magát és nem volt boldog az élete, mivel leprás volt, ami akkoriban egy gyógyíthatatlan betegség volt.

Naámán idejében a leprásokat tisztátalannak gondolták. Elszigeteltségben kellett élniük, a város falain kívül. Naámán szenvedése rendkívüli volt, mivel a fájdalmon kívül más tünetei voltak. Ezek között ott voltak a foltok a testén, főleg az arcán, a karjai külső részén, a lábain, valamint az érzékeinek a degenerációja is. Súlyos esetekben a szemöldökök, körmök leestek, és a személy teljes kinézetele ijesztővé vált.

Aztán egy napon Naámán jó híreket kapott, minden rossz ellenére az életében. Egy fiatal lány szerint, akit Izraelből vittek el fogságba, és az ő feleségét szolgálta, volt egy próféta Szamáriában, aki meg tudta gyógyítani Naámánt a betegségéből. Mivel semmi sem létezett, amit nem tett volna meg a gyógyulása érdekében,

Naámán értesítette a királyt a betegségéről, és arról, hogy mit hallott a szolgálólányától. Amikor meghallotta, hogy a hűséges hadvezére meg fog gyógyulni a leprából, ha egy prófétához elmegy Szamáriában, a király gyorsan segített Naámánnak, és még egy levelet is írt Izrael királyának Naámán nevében.

Naámán elment Izraelbe tíz ezüsttalentummal, hatezer sékel arannyal, valamint tíz rend ruhával és a király levelével, amely így szólt: *„És elvivé a levelet az Izráel királyának, ezt írván: Mikor e levél hozzád érkezik, ímé az én szolgámat, Naámánt azért küldöttem hozzád, hogy őt gyógyítsd meg bélpoklosságából"* (6. vers). Abban az időben Arám erősebb nemzet volt, mint Izrael. Amikor elolvasta Arám királyának levelét, Izrael királya eltépte a ruháit, és ezt mondta: *„Isten vagyok? Miért küld hozzám ez az ember valakit, hogy meggyógyítsam a lepráját? Lásd, hogy akar velem veszekedni!"* (7. vers).

Amikor Izrael prófétája, Elisa meghallotta ezt a hírt, a király elé ment, és ezt mondta: *„Mikor pedig meghallotta Elizeus, az Isten embere, hogy az Izráel királya ruháit megszaggatta, külde a királyhoz ilyen izenettel: Miért szaggattad meg a te ruháidat? Hadd jőjjön hozzám, és tudja meg, hogy van próféta Izráelben"* (8. vers). Amikor Izrael királya elküldte Naámánt Elisa házához, a próféta nem találkozott a tábornokkal, hanem egy küldöttel ezt üzente: *„És külde Elizeus követet ő hozzá, mondván: Menj el és fürödj meg hétszer a Jordánban, és megújul a te tested, és megtisztulsz"* (10. vers).

Mennyire furcsa lehetett Naámánnak, aki a lovaival és szekerével elment Elisa házához, hogy a próféta nem fogadta őt? A hadnagy dühös lett. Azt gondolta, hogy ha egy Izraelnél erősebb ország hadseregének a hadnagya megjelenik, a próféta illedelmesen fogadja őt, és a kezét rá helyezi. Ehelyett Naámánnak hideg fogadtatásban volt része a próféta részéről, aki azt mondta neki, hogy mossa meg magát egy folyóban, amely oly sekély és koszos volt, mint a Jordán vize.

Dühében Naámán arra gondolt, hogy hazamegy, ezt mondva: *„Akkor megharaguvék Naámán és elment, és így szólt: Íme én azt gondoltam, hogy kijő hozzám, és előállván, segítségül hívja az Úrnak, az ő Istenének nevét, és kezével megilleti a [beteg] helyeket, és úgy gyógyítja meg a kiütést. Avagy nem jobbak-é Abana és Párpár, Damaskus folyóvizei Izráel minden vizeinél? Avagy nem fürödhetném-é meg azokban, hogy megtisztuljak? Ilyen módon megfordulván, nagy haraggal elment"* (11-12. versek). Amint készült a haza vezető útjára, Naámán szolgálója így könyörgött neki: *„Atyám, ha valami nagy dolgot mondott volna e próféta neked, avagy nem tetted volna-é meg? Mennyivel inkább, a mikor [csak] azt mondja, hogy fürödj meg és megtisztulsz?"* (13. vers). Arra biztatták az urukat, hogy kövesse Elisa utasításait.

Mi történt, amikor Naámán elmerült a Jordán vizében hétszer, amint Elisa utasította őt? A húsa megtisztult, mint egy fiatal fiú húsa, olyan lett. A lepra, ami oly sok agóniát okozott számára, teljesen meggyógyult. Amikor Naámán Isten embere iránti engedelmességének eredményeképpen a gyógyíthatatlan betegsége meggyógyult, a hadnagy elismerte az élő Istent, és Elisát, mint Isten emberét.

Miután megtapasztalta az élő Isten hatalmát – aki a lepra meggyógyítója – Naámán visszament Elisához, és így vallott: *"Azután visszatért egész kiséretével az Isten emberéhez, és bemenvén megálla előtte, és monda: Ímé, most tudom már, hogy nincsen az egész földön Isten, csak Izráelben! Azért most vedd el, kérlek, [ez] ajándékot a te szolgádtól. Ő pedig monda: Él az Úr, a ki előtt állok, hogy el nem veszem. Kényszeríti vala pedig őt, hogy elvegye; de ő nem akará. És monda Naámán: Ha nem; adj kérlek a te szolgádnak e földből annyit, a mennyit elbír két öszvér; mert a te szolgád többé égőáldozattal, vagy egyéb áldozattal nem áldozik idegen isteneknek, hanem csak az Úrnak."* És Istennek dicsőséget adott. (A királyok második könyve 5, 15-17).

2. Naámán hite és cselekedete

Nézzük meg Naámán hitét és cselekedetét, aki találkozott Istennel, a Gyógyítóval, és kigyógyult a gyógyíthatatlan betegségéből.

1) Naámán jó lelkiismerete.

Vannak emberek, akik készek arra, hogy elhiggyék, amit mondanak nekik, míg mások feltétel nélkül kételkednek másokban. Mivel Naámánnak jó volt a lelkiismerete, nem hagyta figyelmen kívül más emberek szavait, hanem kedvesen elfogadta azokat. Elment Izraelbe, engedelmeskedett Elisa szavának, és meggyógyult, mivel hitt egy fiatal lány szavainak, aki a feleségénél szolgált. Amikor ez a fiatal lány, akit Izraelből hoztak el rabságba, ezt mondta a feleségének: „Vajha az én uram szembe lenne azzal a prófétával, a ki Samariában [van,] kétség nélkül meggyógyítaná őt az ő bélpoklosságából" (5. vers), Naámán hitt neki. Tegyük fel, hogy Naámán helyében lennél. Mit tennél. Elfogadtad volna a lány szavait?

A modern orvostudomány fejlődése ellenére számos olyan betegség létezik, amit az orvostudomány nem tud meggyógyítani. Ha azt mondanád másoknak, hogy Isten meggyógyított egy gyógyíthatatlan betegségből, miután imádkoztál, mit gondolsz, hányan hinnének neked? Naámán hitt a fiatal lány szavainak, elment a királyhoz engedélyt kérni, elment Izraelbe, és meggyógyult a leprából. Más szóval, mivel Naámánnak jó volt a lelkiismerete, el tudta fogadni a lány szavait, amikor az megkeresztelte őt, és ennek megfelelően tudott cselekedni. Arra is rá kell jönnünk, hogy amikor az evangéliumról beszélnek nekünk, csak akkor kaphatunk válaszokat az imánkra, ha hiszünk, és úgy járulunk Isten elé, ahogy Naámán is tette.

2) Naámán összetörte a gondolatait.

Amikor Naámán Izraelbe ment a király segítségével, és megérkezett Elisa házához, a prófétához, aki képes volt meggyógyítani a leprát, hideg fogadtatásban részesült. Dühös lett, amikor Elisa, aki a hitetlen Naámán szemében nem volt híres és nem volt társadalmi státusza, nem fogadta Arám egyik hűséges szolgáját, és azt mondta Naámánnak – egy hírvivő által

– hogy mossa meg magát a Jordán folyóban hétszer. Naámán azért volt dühös, mert személy szerint Arám király küldöttje volt. Sőt, Elisa nem is tette a kezét a foltjaira, hanem azt mondta, hogy megtisztulhat, ha megmosakszik egy olyan folyóban, ami olyan kicsi és piszkos volt, mint a Jordán folyó.

Naámán dühös lett Elisára és a próféta cselekedetére, amit nem értett a saját gondolatai által. Felkészült, hogy hazautazik, gondolva: sok nagy és tiszta folyó van a saját országában, ahol megmosakodhat és megtisztulhat. Abban a pillanatban Naámán szolgái arra biztatták őt, hogy engedelmeskedjen Elisának, és merüljön el a Jordán folyóban.

Mivel Naámánnak jó volt a lelkiismerete, a hadvezér nem a saját gondolatai szerint cselekedett, hanem engedelmeskedett Eilsának, és elindult a Jordán felé. A Naámánnal egyforma szociális státusszal rendelkezők között hányan engedelmeskednének a szolgálóik szavának, vagy másoknak, akik alacsonyabb rangúak, mint ők?

Amint Ézsaiás könyvének 55, 8-9 verseiben találjuk: *"Mert nem az én gondolataim a ti gondolataitok, és nem a ti útaitok az én útaim, így szól az Úr! Mert a mint magasabbak az egek a földnél, akképen magasabbak az én útaim útaitoknál, és gondolataim gondolataitoknál!"* – amikor kitartunk az emberi gondolat és elmélet mellett, nem engedelmeskedhetünk Isten szavának. Emlékezzünk Saul király végére, amikor ellenszegült Istennek. Amikor az emberi gondolatokra, és nem Isten szavára alapozunk, ez ellenszegülés, és ha nem ismerjük be az engedetlenségünket, emlékeznünk kell, hogy Isten elhagy minket úgy, ahogy elhagyta Saul királyt is.

Sámuel első könyvének 15, 22-23 versei ezt tartalmazzák: *"Sámuel pedig monda: Vajjon kedvesebb-é az Úr előtt az égő – és véres áldozat, mint az Úr szava iránt való engedelmesség? Ímé, jobb az engedelmesség a véres áldozatnál és a szófogadás a kosok kövérénél! Mert, [mint] a varázslásnak bűne, [olyan] az engedetlenség; és bálványozás és bálványimádás az ellenszegülés. Mivel te megvetetted az Úrnak beszédét, ő is megvetett téged, hogy ne légy király."* Naámán átgondolta a dolgát, és úgy döntött, hogy a saját gondolatait széjjelveri, és Élisa utasításait követi, aki Isten embere volt.

Ugyanígy nekünk is emlékeznünk kell, hogy csak ha az engedetlen szívünket eldobjuk, és Isten akarata szerint engedékeny szívvé alakítjuk azt, csak ekkor érhetjük el a szívünk vágyát.

3) Naámán engedelmeskedett a próféta szavának.

Élisa utasításait követve Naámán lement a Jordán folyóhoz, és megmosta magát. Más folyók is voltak, amelyek szélesebbek és tisztábbak voltak, mint a Jordán folyó, de Élisa utasítása, hogy menjen a Jordán folyóhoz, spirituális jelentőséggel bírt. A Jordán folyó a megmentést jelképezi, míg a víz Isten szavát, amely az embereket megtisztítja, és lehetővé teszi a számukra, hogy üdvözüljenek (János evangéliuma 4, 14). Ezért akarta Élisa azt, hogy Naámán megmossa magát a Jordán folyóban, és így elérje az üdvösséget. Függetlenül attól, hogy mennyire szélesebb és tisztább a többi folyó, ezek nem vezetik el az embereket az üdvösséghez, és semmi közük nincsen Istenhez, és ezért azokban a vizekben Isten munkája nem nyilvánulhat meg.

Amint Jézus mondja nekünk János evangéliumának 3, 5 versében: *"Felele Jézus: Bizony, bizony mondom néked: Ha valaki nem születik víztől és Lélektől, nem mehet be az Isten országába"* azzal, hogy megmosta magát a Jordán vizében, Naámán számára egy ösvény nyílt meg, hogy bocsánatot és üdvösséget nyerjen, és találkozzon az élő Istennel.

Miért mondták azt Naámánnak, hogy hétszer mossa meg magát? A „7"-es szám egy egész szám, amely a tökéletességet jelképezi. Azzal, hogy Elisa azt mondta Naámánnak, hogy hétszer mossa meg magát, azt sugallta, hogy kapjon felmentést a bűnei alól, és szentként éljen Isten szavában. Csak ekkor fogja Isten kinyilvánítani a gyógyulás munkáját, és ekkor fog meggyógyítani bármilyen gyógyíthatatlan betegséget.

Megtudjuk, hogy Naámán meggyógyult a leprából, amely ellen az orvosság vagy az emberek hatalma elégtelen volt, és azért gyógyulhatott meg, mert engedelmeskedett a próféta szavának. A Bibliában ezt találjuk: *"Mert az Istennek beszéde élő és ható, és élesebb minden kétélű fegyvernél, és elhat a szívnek és léleknek, az ízeknek és a veőőknek megoszlásáig, és megítéli a gondolatokat és a szívnek indulatait. És nincsen oly teremtmény, a mely nyilvánvaló nem volna előtte, sőt mindenek meztelenek és leplezetlenek annak szemei előtt, a kiről mi beszélünk"* (A zsidókhoz írt levél 4, 12-13).

Naámán Isten elé ment, aki számára semmi sem lehetetlen, széttörte a gondolatait, megbánta bűneit, és engedelmeskedett az Ő akaratának. Amint Naámán hétszer elmerült a Jordán folyóban, Isten meglátta a hitét, meggyógyította a leprájat, amire Naámán húsa meggyógyult, és oly tiszta lett, mint egy fiatal fiú bőre.

Azzal, hogy egy bizonyítékot mutat be nekünk, amely arról szól, hogy a lepra gyógyítható, Isten azt sugallja, hogy bármely betegség meggyógyítható, ha a kedvére teszünk, olyan hittel, amit cselekedetek követnek.

3. Naámán dicsőséget mond Istennek

Miután Naámán kigyógyult a leprából, visszament Élisához, és így vallott: *"Most tudom, hogy nincs a világon Isten, csak Izraelben... a szolgálód soha nem ajánl fel égő áldozatot másnak, csak az ÚRNAK"* (A királyok második könyve 5, 15-17), és dicsőséget mondott Istennek.

Lukács evangéliumának 17, 11-19 verseiben van egy jelenet, amelyben tíz ember találkozik Jézussal, és meggyógyulnak a leprából. Azonban csak egyikük jött vissza Jézushoz, Istent hangosan dicsőítve, és odavetette magát Jézus lábához, és köszönetet mondott Neki. A 17-18. versekben Jézus megkérdezi az embert: *"Felelvén pedig Jézus, monda: Avagy nem tízen tisztulának-é meg? A kilencze pedig hol van? Nem találkoztak a kik visszatértek volna dicsőséget adni az Istennek, csak ez az idegen?"* A következő, 19. versben azt mondja Ő az embernek: *"És monda néki: Kelj föl, és menj el: a te hited téged megtartott."* Ha meggyógyulunk Isten akaratából, nem csak dicsőítenünk kell Istent, és Jézus Krisztust elfogadnunk, valamint üdvösséget nyernünk, hanem Isten Szava szerint is kell hogy éljünk.

Naámánnak megvolt az a fajta hite, amely által meggyógyulhatott a leprából, mely az ő idejében egy gyógyíthatatlan betegség volt. Jó volt a lelkiismerete ahhoz, hogy higgyen egy fiatal szolgáló szavának, akit rabként hoztak hozzá. Azzal a hittel bírt, amellyel előkészíthetett egy drága ajándékot a prófétának. Az engedelmesség cselekedetét mutatta fel, bár Élisa próféta szavai nem feleltek meg az elképzeléseinek.

Naámán, aki egy idegen volt, egykor egy gyógyíthatatlan betegségtől szenvedett, de a betegsége által találkozott az élő Istennel, és megtapasztalta a gyógyulást. Bárki, aki a Mindenható Isten elé áll, megmutatja a hitét cselekedetei által, megkapja a választ az összes problémáira, függetlenül attól, milyen súlyosak azok.

Legyen drága hited, mutasd azt meg cselekedeteiddel, kapj választ minden problémádra az életben, és váljon belőled egy áldott szent Isten dicsőítése közben, az Úr nevében imádkozom!

A szerző:
Dr. Jaerock Lee tiszteletendő

Dr. Jaerock Lee Muanban, Jeonnam Tartományban, a Koreai Köztársaságban született, 1943-ban. A húszas éveiben hét évig gyógyíthatatlan betegségekben szenvedett, és a gyógyulás reménye nélkül várta a halált. Egy napon 1974-ben azonban a nővére elvitte egy templomba, és amikor letérdelt, hogy imádkozzon, az Élő Isten az összes betegségéből kigyógyította.

Attól a pillanattól fogva, hogy e csodás tapasztalat révén Dr. Lee találkozott az Élő Istennel, teljes szívéből és őszintén szereti Istent, és 1978-ban elhivatott az Ő szolgájaként. Buzgón imádkozott, hogy megérthesse Isten akaratát, és teljesen beteljesítse azt, és Isten igéjét teljesen betartotta. 1982-ben megalapította a Manmin Központi Egyházat Szöulban, Koreában, és azóta számtalan isteni munka történt ebben a templomban, beleértve a nagyszerű gyógyulásokat és a csodákat.

1986-ban lelkésszé szentelték a Jézus Sungkyul Koreai Egyházának éves összejövetelén, és négy évvel később, 1990-ben az istentiszteleteit elkezdték közvetíteni Ausztráliában, Oroszországban, a Fülöp-szigeteken, és számos más országban, a Far East Broadcasting Company, az Asia Broadcast Station, valamint a Washington Christian Radio System közreműködésével.

Három évvel később, 1993-ban a Manmin Központi Templomot beválasztották „A világ legjobb 50 temploma" közé, a *Christian World Magazin* (Keresztény Világmagazin) által (USA), és tiszteletbeli doktori címet kapott a Christian Faith College, Florida, USA, intézménytől, és 1996-ban doktori címet is – a lelkészi tudományokban – az iowai Kingsway Theological Seminary-től, az Egyesült Államokból.

1993 óta Dr. Lee a világmisszió terén vezető szerepet vállal, külföldön az Egyesült Államokban, Tanzániában, Argentínában, Ugandában, Japánban, Pakisztánban, Kenyában, a Fülöp-szigeteken, Hondurasban, Indiában, Oroszországban, Németországban és Peruban, és 2002-ben „világszintű lelkésznek" nevezték a vezető koreai keresztény újságok, a külföldi Nagy Egyesült Missziókban kifejtett tevékenységéért.

2018 június a Manmin Központi Templom több mint 130. 000 tagot számlált, 11. 000 hazai és külföldi leányegyháza volt szerte a világon, és eddig több mint 100 misszionáriust küldött 26 országba, beleértve az Egyesült Államokat, Oroszországot, Németországot, Kanadát, Japánt, Kínát, Franciaországot, Indiát, Kenyát, és sok más országot.

A mai napig Dr. Lee 109 könyvet írt, közöttük a rekord példányszámban eladott *Az Örök Élet Megkóstolása a Halál Előtt, Életem Hitem I és II, A Kereszt Üzenete, A Hit Mértéke, A Mennyország I és II, A Pokol, Isten Hatalma,* és a munkáit több mint 76 nyelvre lefordították.

A keresztény rovatai megjelennek a *The Hankook Ilbo, The JoongAng Daily, The Dong-A Ilbo, The Chosun Ilbo, The Seoul Shinmun, The Kyunghyang Shinmun, Koreai Napi Gazdaság (The Korea Economic Daily), The Shisa News,* és a *Keresztény Sajtó (The Christian Press)* hasábjain.

Dr. Lee jelenleg több tisztséget tölt be: a Koreai Egyesült Szentség Egyház elnöke; a Global Christian Network (GCN) alapítója és igazgatótanácsának elnöke; a The World Christian Doctors Network (WCDN) alapítója és igazgatótanácsának elnöke; és a Manmin Nemzetközi Lelkészképző (MIS) alapítója és igazgatótanácsának elnöke.

Más, hasonlóan hatásos könyvek a szerzőtől:

Mennyország I & II

Egy részletes vázlat a mennyei állampolgárok dicsőséges körülményeiről, amelyet Isten dicsőségében élveznek.

A Kereszt Üzenete

Egy erőteljes ébresztő üzenet mindazoknak, akik spirituálisan alszanak. Ebben a könyvben megtalálod Isten igaz szeretetét, valamint megtudod: miért Jézus az egyedüli Megmentő?

Pokol

Egy őszinte üzenet az emberiségnek Istentől, aki azt kívánja, hogy egyetlen lélek se hulljon a pokol mélységeibe! Felfedezheted Hadész soha fel nem tárt képét, valamint a pokol kegyetlen valóságát.

Szellem, Lélek és Test I & II

Egy kézikönyv, mely segíti spirituális megértést a lélekkel, szellemmel, testtel kapcsolatban, és segít megtalálni, hogy milyen „énünk" van, hogy erőt nyerjünk, mellyel a sötétséget legyőzhessük, és a szellem emberévé váljunk.

A Hit Mértéke

Milyen mennyei helyet, és milyen koronákat és jutalmakat készítenek elő a számodra a mennyekben? Ez a könyv ellát bölcsességgel és útmutatással téged, hogy megmérhesd a hited, valamint a legjobb és a legérettebb hitet gyakorolhasd.

Ébredj Izrael!

Miért tartotta Isten a szemét a világ végétől máig Izraelen? Milyen gondviselést tartogat Izrael számára – akik ma is a Messiást várják – az utolsó napokra?

Életem, Hitem I & II

Dr. Jaerock Lee önéletrajza a legkellemesebb spirituális aromát nyújtja az olvasó számára, az élete az Isten iránti szeretet által kezdett virágozni, miután sötét hullámok, hideg járom jutott számára, valamint a legmélyebb elkeseredés.

Isten Hatalma

Egy kihagyhatatlan olvasmány, egy alapvető útmutató az igaz hit eléréséhez, és Isten csodáinak megtapasztalásához.

www.urimbooks.com

www.ingramcontent.com/pod-product-compliance
Lightning Source LLC
LaVergne TN
LVHW092052060526
838201LV00047B/1358